Matthias Schrader,
Volker Martens (Hg.)

DIGITAL FIX

DIGITAL FIX

*Wie wir die digitale Welt
von Grund auf erneuern können*

NEXT FACTORY OTTENSEN — NFO/02/DF

Inhaltsverzeichnis

MATTHIAS SCHRADER

Vorwort

In ihren ersten Jahrzehnten war die Digitalwirtschaft von einem Fortschrittsglauben beseelt, der uns heute naiv erscheint. Die Digitalisierung galt schon in sich als gut und deshalb war Digitalisierung gleichbedeutend mit Fortschritt. Es brauchte grundstürzende Ereignisse wie das Brexit-Referendum und die Wahl von Donald Trump zum Präsidenten der Vereinigten Staaten, um diesen Glauben zu erschüttern. Nun drohen die Heilsversprechen der Digitalisierung plötzlich ins Gegenteil umzuschlagen.

Wir sehen digitale Produkte, die das Leben nicht verbessern und keinen echten Nutzen haben, sondern uns in Filterblasen isolieren und die Gesellschaft spalten. Wir erkennen die übergroße Dominanz der GAFA-Konzerne (Google, Apple, Facebook, Amazon), die in immer neue Bereiche unseres Lebens vordringen. Wir sind beunruhigt angesichts digitaler Technologie, die nicht dem Menschen dient, sondern ihn beherrscht: **DIGITAL FIX**.

Mit der NEXT Conference 2018 und mit diesem Buch wollen wir zu einer differenzierten Sicht auf die Digitalisierung beitragen. Es geht darum, die Chancen wie die Risiken nüchtern zu betrachten und Wege zu skizzieren, wie wir als digitale Pioniere besser werden können: **FIX DIGITAL**.

Dem unbestreitbaren Mehrwert, den digitale Technologien schaffen, steht zunächst Wertvernichtung gegenüber, die häufig mit dem

Stichwort Disruption beschrieben wird. Betraf Disruption anfangs vor allem veraltete Geschäftsmodelle und die Technologien von gestern, so ist sie inzwischen weit in Bereiche wie Politik, Gesellschaft und die physische Welt vorgedrungen. So betrachtet ist der *Techlash*, den wir derzeit erleben, allzu gut verständlich. Es ist eine systemische Abwehrreaktion gegen Irritationen, die als existentielle Bedrohung erscheinen.

Wir können heute noch nicht alle Probleme mit Sicherheit erkennen. Die Digitalisierung greift tief ein in unser Selbstverständnis als Menschen und unsere Art zu leben und zu arbeiten. Das bringt zahlreiche Konflikte mit sich, die gelöst werden müssen. Doch die grundlegenden Versprechen der Digitalisierung sind weiterhin intakt: Vieles wird bequemer, lästige Routinetätigkeiten verschwinden, die persönliche Reichweite wächst, der Horizont wird erweitert. Es wird eine digitale Welt nach den GAFAs geben, und sie wird besser sein als heute.

Wir fragen in diesem Buch danach, wie wir die digitale Welt von Grund auf erneuern können. Was also tun? Unsere Empfehlung lässt sich mit einem Schlagwort zusammenfassen: digitaler Humanismus. Die Erfolge der Digitalisierung sind eng mit Begriffen wie *user-centric*, *customer-centric* oder *human-centric* verknüpft. Der konsequente Fokus auf den Nutzer, das Nutzererlebnis und den Nutzwert hat den digitalen Siegeszug erst ermöglicht. Nun ist es an der Zeit, das Wohlbefinden des Menschen als ganzen und der ganzen Menschheit zum Maßstab zu machen.

Der digitale Humanismus stellt die Menschen (die Leute, die früher als Nutzer bekannt waren) an die erste Stelle und gibt der Technologie ihre eigentliche Rolle als Mittel zum Zweck zurück. Was das im Detail bedeutet und wie sich das umsetzen lässt, dazu geben die Autoren der verschiedenen Essays in diesem Band Auskunft. Strategen, Designer, Ingenieure, Forscher, Journalisten, Philosophen, Praktiker, Unternehmer und Künstler stellen verschiedene Lösungsansätze vor.

Sie alle eint ein konstruktiver Blick auf die digitale Welt, in der wir heute leben. Wir sind überzeugt, dass die Digitalwirtschaft mit einem konsequenten Fokus auf den Menschen und sein Wohl am Ende erfolgreich sein wird. Wir können uns von der Dynamik der Digitalisierung überrollen lassen oder wir können sie steuern. Das liegt in unserer Hand. Wir bleiben optimistisch.

Matthias Schrader ist Gründer und CEO von SinnerSchrader und der NEXT Conference sowie Managing Director von Accenture Interactive.

VOLKER MARTENS

Vorwort

„Ein Land voller Sorgen" betitelte die FAZ im Sommer 2018 einen Artikel über den Zustand der Republik. → 1 Der Text zitiert eine Umfrage unter Gymnasiasten in Baden-Württemberg. Demnach hielten die Schüler künstliche Intelligenz für potenziell gefährlicher als die Atombombe. „Die meisten von uns reagieren auf technologische Veränderungen bestenfalls mit Unbehagen, schlimmstenfalls mit Panik", schreibt der KI-Experte François Chollet in seinem Beitrag zu diesem Buch. Und merkt an, dass „das meiste, worüber wir uns Sorgen machen, nie eintritt". Chollet bestreitet keineswegs, dass technologischer Wandel auch Schreckliches bewirken kann – Weltkriege und atomare Aufrüstung inklusive. Aber er warnt davor, dass wir uns wieder einmal um das Falsche sorgen – und dabei die realen Gefahren übersehen. So fürchten sich heute nicht nur Schüler vor einer nebulösen Supraintelligenz – und lassen es gleichzeitig geschehen, dass ihre Meinungen und ihr Verhalten durch soziale Medien und die dahinterliegenden Algorithmen manipuliert werden.

Sorgen machen sich auch die Autoren dieses Buchs, doch sie geraten deshalb nicht in Panik. Die Strategen, Designer, Ingenieure, Forscher, Journalisten, Philosophen, Praktiker, Unternehmer und Künstler blicken aus ganz unterschiedlichen Perspektiven auf die technologische Entwicklung. Entsprechend vielfältig ist ihre Kritik am heutigen Zustand der digitalen Welt. Doch sie alle eint der Wunsch, etwas zurechtzurücken, das falsch läuft – und die Hoffnung, dass das gelingen kann.

Tatsächlich scheinen wir an einer Zeitenwende zu stehen. Möglicherweise endet hier und jetzt die Moderne, wie wir sie kennen, wie der Trendforscher David Mattin meint. Möglicherweise müssen wir uns jetzt vom zentralen Glaubenssatz der bürgerlichen Moral lösen, dass die Leistung des Einzelnen seinen Platz in der Gesellschaft bestimmen sollte, wie der Tech-Journalist Stephan Dörner fordert. Möglicherweise droht sogar ein „Fin de Siècle", in dem „die technologische Entwicklung endgültig die Wünsche definiert" und damit der Demokratie die Grundlage entzieht, wie die Philosophin Nika Wiedinger warnt.

Und dennoch ist dieses Buch keineswegs von Endzeitstimmung, sondern vielmehr von unbändigem Gestaltungswillen geprägt. Die Autoren machen konkrete Lösungsvorschläge, wie der Mensch die Kontrolle über den digitalen Werkzeugkasten zurückgewinnen kann (François Chollet), sie definieren ethische Grundsätze für die Entwicklung von Virtual Reality (Fifer Garbesi) und künstlicher Intelligenz (Virginia Dignum) oder fordern einen radikal neuen Ansatz des Technologiedesigns, der sich allein am Wohlbefinden des Menschen ausrichtet (Pamela Pavliscak). Dabei schrecken sie auch vor großen Visionen nicht zurück und erlauben sich den Traum von einer Welt voller Möglichkeiten für neue Wege des Seins, wo das bisher Unmögliche erforscht und realisiert werden kann (Tobias Revell).

Bei der Lektüre dieses Buchs wird endgültig klar: Digitalisierung ist zuallerletzt eine technologische Frage, sie betrifft vielmehr alle Lebensbereiche und verändert fundamental die Art, wie wir leben, arbeiten, kommunizieren und die Welt wahrnehmen. Deshalb betont der Künstler Tobias Revell auch völlig zu Recht die politische Dimension der Digitalisierung. Und deshalb ist es ebenfalls richtig, wenn sich viele Autoren mit dem Begriff der Verantwortung auseinandersetzen. Jeder Digitalentscheider muss sich heute zwingend fragen (lassen), wo genau die Grenze zwischen dem technisch Machbaren und dem gesellschaftlich Wünschenswerten verlaufen soll. Jeder Kommunikator muss sich einer doppelten Verantwortung stellen: für die von ihm verbreiteten Inhalte und für die möglichen Mechanismen der Manipulation. Gerade im digitalen Zeitalter bedeutet Verantwortung immer auch, Versuchungen zu widerstehen.

Der schwedische Arzt und Wissenschaftler Hans Rosling hat Zeit seines Lebens immer wieder eindrucksvoll belegt, dass Menschen die Welt grundsätzlich schwärzer sehen, als sie tatsächlich ist. Gegen Schwarzseherei und Defätismus setzte Rosling sein Konzept der „Factfulness", einer offenen, neugierigen und entspannten Geisteshaltung, in der wir nur Urteile fällen, die auf soliden Tatsachen basieren. Für mich ist Factfulness die Voraussetzung für die Definition einer eigenen Haltung in der digitalen Welt. Reflektierte Kommunikation, der Wille, Zusammenhänge herzustellen, und der Versuch, Folgen abzuschätzen, sind auch Ziel und Zweck der NEXT Conference – und dieses Buchs. Die Definition eines humanen, übergeordneten Wertekanons und die Ableitung individueller Handlungsrahmen wären mögliche Optionen.

Aber wer nimmt diese Vorschläge auf? Wo können gute Ideen zu konkreten Vorschlägen und Initiativen reifen? Wo werden Initiativen zu Regelwerk und wer könnte überhaupt noch Adressat globaler Ansätze in einer sich gerade lokalisierenden Welt sein? Wenn es an Institutionen mangelt, bleiben die Gestaltungskraft des Einzelnen, und des Einzelnen mit Gleichgesinnten, und die Vernetzung der Gleichgesinnten in einer globalen Gemeinschaft. Dazu wollen wir als Initiatoren der NEXT Conference einen Beitrag leisten.

Am jetzigen Punkt der Entwicklung müssen wir zwingend neue Antworten auf die alles entscheidenden Fragen finden: Was ist der Mensch? Welchen Sinn hat unser Dasein? Wie wollen wir leben? Auch das macht dieses Buch deutlich. Und beim Lesen entsteht dann die leise Hoffnung, dass diese gewaltige technologische Umwälzung zu einem neuen Nachdenken über den wahren Wert des Menschlichen führen kann. Damit würde die Digitalisierung zur Chance, die sinnentleerte Moderne (David Mattin) mit neuem Sinn zu füllen. Und die Zukunft wäre kein Land voller Sorgen, sondern ein Ort der Zuversicht.

Volker Martens ist einer der Gründer und Vorstand der Hamburger Kommunikationsagentur FAKTOR 3. Gemeinsam mit seinen Partnern Sabine Richter und Stefan Schraps verfolgt er seit Jahren die zentralen Kommunikationsinhalte und Strömungen einer digitalisierten Welt. Gemeinsam mit SinnerSchrader ist FAKTOR 3 Ausrichter der NEXT Conference (www.nextconf.eu).

Quelle

1 **Knop, Carsten** (2018). Zu viele alte Strukturen und zu wenig Mut. Frankfurter Allgemeine Zeitung, 28.07.2018.

ADAM

TINWORTH

Vom unschuldigen Idealismus zu pragmatischen Lösungen

ADAM TINWORTH

Vom unschuldigen Idealismus zu pragmatischen Lösungen

Zwei Jahrzehnte Internetkultur

Wie viele Menschen meiner Internetgeneration, die Mitte bis Ende der 90er-Jahre schon ernsthaft online waren, war auch ich von der Welle der idealistischen Euphorie mitgerissen, die die ersten Online-Communitys umgab. Es ist leicht zu verstehen, warum wir die Cyberwelt durch rosafarbene Spiegelscheiben betrachtet haben. Wir waren eine selbst gewählte Gruppe von technisch versierten Nerds, die es genossen haben, sich mit Leuten *genau wie uns* zu treffen, manchmal zum allerersten Mal.

Wir waren in der Lage, Communitys um die Dinge herum aufzubauen, die uns wichtig waren, und die Diskussion darüber zum ersten Mal in unseren Alltag zu integrieren.

Das Internet hat unser Leben deutlich verbessert. Verbindungen und Beziehungen brachten uns zusammen, in einer Weise, die die Geografie irrelevant gemacht hat. Wenn wir das alles in die ganze Welt bringen würden, würde sicher alles besser werden.

Das zu denken, war ein Fehler.

Wir waren vielleicht die ersten Opfer von digital erzeugten Blasen. Wir waren in unserer eigenen kleinen Blase von selbst erwählten Early

Adopters gefangen. Wir wussten noch nicht, wie homogen diese Gruppe war und wie anders die Dinge werden würden, sobald der Rest der Menschheit uns in den Cyberspace folgt.

Jung zu sein und mit einer leidenschaftlichen, idealistischen Gruppe zusammen zu sein, ist ein tolles Gefühl. Jeder sollte es haben, zumindest für eine Weile. Aber wir müssen auch irgendwann einmal erwachsen werden und erkennen, dass die Welt komplizierter sein könnte, als es unsere Evangelisation zulässt. Wir wären auch nicht die erste Generation, die desillusioniert würde. Zwei Jahrzehnte vor dem Internet träumten die Menschen davon, dass Musik die Welt zusammenbringen würde.

Mark Hamill, der Schauspieler hinter Luke Skywalker in den *Star-Wars*-Filmen, hat uns eine weitere Kostprobe davon gegeben. Er beschrieb kürzlich, wie er erkannte, dass Lukes Reise in dem jüngsten Film *The Last Jedi* seine eigene Reise vom Idealismus zur Desillusionierung widerspiegelt: → 1

"It is tragic. I'm not a method actor, but one of the techniques a method actor will use is to try and use real-life experiences to relate to whatever fictional scenario he's involved in. The only thing I could think of, given the screenplay that I read, was that I was of the Beatles generation – 'All You Need Is Love', 'Peace and Love'.

I thought at that time, when I was a teenager: 'By the time we get in power, there will be no more war, there will be no racial discrimination, and pot will be legal.' So I'm one for three. When you think about it, [my generation is] a failure. The world is unquestionably worse now than it was then."

Wir alle, die wir ein paar Jahrzehnte später folgten, fanden unseren Idealismus nicht in Protestsongs und Hippie-Idealismus, sondern in den utopischen Welten, die wir uns im entstehenden Internet und Web erschufen. Und es gibt eine Verbindung zwischen den beiden Gruppen von Träumern. Viele derjenigen, die das frühe Internet aufgebaut haben, waren Produkte der Hippie-Generation.

Idealismus ist eine wunderbare Sache. Aber er muss mit Vorsicht abgetönt werden. Während wir in den letzten Jahren die Dichotomie von **DIGITAL SUCKS** und **DIGITAL FIX** erforscht haben, lautet der Satz, auf den ich immer wieder zurückkomme: „Hope for the best, plan for the worst". Meine Internetgeneration war so damit beschäftigt, das Erste zu tun, dass wir das Zweite vergessen haben.

Und so zog eine neue Generation von Internetnutzern ein, mehr getrieben von Geld und Zynismus, aber grausam genug, um die Sprache der frühen Träumer nachzuäffen. Sie „verbinden die Welt" und „machen die Informationen der Welt zugänglich", aber mit keiner Silbe erwähnen sie das gesamte Thema „Erstellen von Datenprofilen über Sie, damit Sie für politische und kommerzielle Zwecke manipuliert werden können".

Es sei daran erinnert, dass nicht alle Songs, die die Beatles geschrieben haben, idealistisch waren. Wie Martin Recke, der Editor dieses Bandes, gerne anmerkt, ist *Happiness is a Warm Gun* ein Beatles-Song. Und bei all seinen scheinbaren Drogenanspielungen geht es eigentlich um den Schrecken der Waffenwerbung. Das behauptet John Lennon, dessen Begeisterung für Drogen bekannt war und nichts, was er zu verbergen versuchte, also können wir ihm wahrscheinlich glauben.

Die Fähigkeit, in allem das Schlimmste zu sehen

Die eher homogene Charakteristik vieler digitaler Unternehmer – reich, weiß, männlich und hetero – mag zu den Problemen beigetragen haben, vor denen wir heute stehen. Wie Mike Monteiro in seinem Beitrag über die strukturellen Probleme mit Twitter feststellte: → 2

“Their goal was giving everyone a voice. They were so obsessed with giving everyone a voice that they never stopped to wonder what would happen when everyone got one. And they never asked themselves what everyone meant. That’s Twitter’s original sin. Like Oppenheimer, Twitter was so obsessed with splitting the atom they never stopped to think what we’d do with it.”

Den Menschen eine Stimme zu geben ist ein nobles Ziel, aber man muss mit Menschen rechnen, die sich das zunutze machen würden, um das Leben anderer Menschen zu beeinträchtigen. Die Tatsache, dass so viele Gründer noch nie missbraucht wurden, sei es rassistisch, sexuell oder anderweitig, bedeutet, dass sie schlecht dafür gewappnet waren, die Probleme zu durchdenken:

“Twitter, which was conceived and built by a room of privileged white boys (some of them my friends!), never considered the possibility that they were building a bomb.”

Nun, diese Bomben sind explodiert, in einer Reihe von Explosionen auf der ganzen Welt. Wir haben eine größere Polarisierung in unserer Politik gesehen, den Aufstieg von selbstgerechten Lynchmobs in sozialen Medien, die so sehr gefangen sind in ihrer Überzeugung, Gutes zu tun, dass sie den Schaden, den sie anrichten, nicht erkennen können. Wir haben gesehen, wie unser Leben auf Daten reduziert wurde und wie unsere psychologischen Schwächen ins Visier genommen wurden.

Das alles scheint sehr weit entfernt von den Tagen, als wir online gehen und über *Doctor Who* oder Rollenspiele diskutieren konnten, ohne dass irgendein Idiot auftauchte, um uns als „SJW“ oder „Libtard Cuck“ zu bezeichnen und uns zu demütigen, um sich ins Gespräch zu bringen. Wenn wir damals in Chaträumen waren, benutzten wir den Ausdruck „AFK“, um zu signalisieren, wann wir von der Tastatur weg waren. Das ist schon ein Anachronismus geworden, denn die Vorstellung, dass wir von einer Tastatur weg sein können – wir haben immer eine digitale in unseren Telefonen –, ist unvorstellbar. Das erhöht nur den Druck.

Wir versuchen, mit der Technologie Schritt zu halten, aber wir können es nicht. Das Internet kann Informationen zwar praktisch unmittelbar übertragen, aber der Mensch kann sie nicht mit der gleichen Geschwindigkeit verarbeiten. Mit den Maschinen Schritt zu halten, ist ein sinnloses Spiel, das wir schon seit einem Jahrzehnt spielen. So wie die Fast-Food-Revolution schließlich eine Slow-Food-Bewegung hervorbrachte, bettelt das Echtzeit-Internet um eine Slow-Web-Bewegung, und tatsächlich gibt es sie bereits. Und um die Fehler der Vergangenheit zu beheben, bedarf es längerer, langsamerer, besser überlegter Entscheidungen und Gedanken.

Pragmatischer ausgedrückt: Die Konsolidierung der Macht im Internet auf eine Handvoll Plattformen ist nicht die Situation, in deren Genuss die meisten Unternehmen kommen würden. Es gibt das, was die Journalistenwelt das „Duopol" nennt – Google und Facebook –, das den überwiegenden Teil der Werbeeinnahmen im Würgegriff hält. Amazon hat sich faktisch zum Schaufenster für den größten Teil der Welt entwickelt. Es ist der erste Ort, und oft der einzige Ort, an dem wir einkaufen. Wir sind darauf trainiert worden, nicht zu vergleichen, und jetzt zahlen wir höhere Preise für Waren, ohne es zu wissen.

Aber Moment mal, sagen Sie, das ist **DIGITAL SUCKS**, Adam, nicht **DIGITAL FIX**. Und Sie haben völlig recht. Aber hier ist der Punkt: **DIGITAL SUCKS** war eine Voraussetzung für den **DIGITAL FIX**. Um mit diesem Problem fertigzuwerden, müssen Sie das tun, was so viele Akteure der Digitalindustrie verweigert haben: zugeben, dass es Probleme gibt. *Moving fast and breaking things* führt manchmal nur zu zerstörten Dingen. Nicht jede Disruption ist gut, und auf jeden Gewinner kommt oft auch ein Verlierer.

Dinge müssen repariert werden, neue Wege müssen gefunden werden, denn Technologie kann nicht unerfunden werden. Wir müssen weitermachen mit dem, was wir haben. Digitale Entgiftungs- oder Entzugsmaßnahmen sind keine Lösung. Um zu *Star Wars*, Luke Skywalker und *The Last Jedi* zurückzukehren: Sein Rückzug aus der Galaxie ins Exil hat die Galaxie offensichtlich schlechter gemacht, und obwohl wir dafür dankbar sein sollten, da dies der Auslöser für den Konflikt in der neuen Reihe von Filmen war, würde ich lieber nicht die Errungenschaften der letzten Jahre in der realen Welt umgestürzt sehen.

Regulierung

Viele der Idealisten des frühen Internets sahen das Internet selbst quasi als eine supranationale Gemeinschaft und uns als Bürger des Internets.

Wie der inzwischen verstorbene John Perry Barlow in der Unabhängigkeitserklärung des Cyberspace schrieb: → 3

“We have no elected government, nor are we likely to have one, so I address you with no greater authority than that with which liberty itself always speaks. I declare the global social space we are building to be naturally independent of the tyrannies you seek to impose on us. You have no moral right to rule us nor do you possess any methods of enforcement we have true reason to fear.”

Oh, welch glückliche Tage, als es noch die Einmischung seitens der Regierung war, die wir am meisten fürchteten, und nicht die Verantwortungslosigkeit der Unternehmen.

Und um fair zu sein, ein Teil der Schuld für diesen Absturz liegt bei uns. Wir haben unsere Bürgerpflicht nicht erfüllt, indem wir es versäumt haben, uns selbst und die Unternehmen, die uns „dienen“ würden, zu überwachen. Wir haben diese missbräuchlichen, monopolistischen Unternehmen entstehen lassen, und wir haben es versäumt, dem, was wir online lesen, angemessen skeptisch gegenüberzustehen.

Aber jede solche Regulierung muss vorsichtig, realistisch und mit Augenmaß erfolgen. Bei all den Klagen über die DSGVO denke ich, dass die EU damit ziemlich gute Arbeit geleistet hat. Sie hat die Verbraucher geschützt und die Verantwortung auf die Unternehmen übertragen, sich besser und ehrlicher zu verhalten. Ich hatte in den letzten Wochen mehr als ein Gespräch mit Leuten, die plötzlich ihre E-Mails wieder genießen, einfach weil da so viel weniger Marketinggerümpel ankommt. Das von der DSGVO vorangetriebene Ausleseverfahren hat ihre Informationslandschaft verbessert.

Auf der anderen Seite, unter den vielen lächerlichen Projekten, an denen die derzeitige britische Regierung beteiligt ist (und Sie *wissen*, wovon ich hier spreche), zeigt der Schritt, Software-Backdoors in verschlüsselte End-to-End-Messaging-Dienste einzubauen, ein tiefes Missverständnis von Verschlüsselung, Mathematik, Computer und Sicherheit. Das wird das Leben für niemanden besser machen außer für die Regierung und für Kriminelle, was eine wirklich unangenehme Kombination ist, unabhängig von Ihrer Position im politischen Spektrum.

Es gibt viel zu sagen über die Macht der Beschränkungen, die Kreativität anzuregen. Ein stärker nutzerzentriertes Bündel vernünftiger, praktischer gesetzlicher Auflagen könnte tatsächlich zu mehr Innovation führen, da so einige der einfacheren Wege für neue Technologieunternehmen versperrt wären und sie gezwungen wären, sich mehr Gedanken über ihre neuen Produkte zu machen.

Unternehmerische Innovation

Sogenannte unternehmerische Innovation hat sich so ziemlich in „eine App bauen, Nutzer finden, an ein größeres Unternehmen verkaufen oder durch Werbung Geld verdienen" verwandelt. Für ein Unternehmen, das behauptet, es gehe nur um Innovation, nun, ist das nicht wirklich Innovation, oder? Es wiederholt den gleichen Grundprozess immer wieder in verschiedenen Geschmacksrichtungen.

Manchmal bedeutet die Tatsache, dass man immer wieder etwas behauptet, dass man es eigentlich nicht ist. Das gilt für Innovationen ebenso wie für Flughäfen. (Niemand spricht von Heathrow International Airport, oder? Es heißt einfach Heathrow. Hamburg hat nicht das Bedürfnis, „international" anzuhängen, weil das offensichtlich ist ...)

Wenn Sie ein digitales Geschäft aufbauen – oder sogar ein digitales Produkt –, müssen Sie in Kauf nehmen, dass es viel schwieriger sein wird, als es noch vor fünf Jahren war. Sie haben eine strengere staatliche Aufsicht und Regulierung, neben erheblichen Engpässen in Form der Internetgiganten, die als Gatekeeper für den Zugriff auf Ihr Produkt fungieren: die Monolithen Google, Amazon und Facebook.

Das ist eigentlich eine *gute* Sache – ob Sie es glauben oder nicht. Die erhöhte Schwierigkeit wird unsere schwächeren Mitspieler in einem Ausbruch von digitalem Darwinismus aus dem Weg räumen und den Überlebenden mehr Raum lassen. Und diese Zwänge werden Sie zwingen, kreativer zu denken und etwas Neues aufzubauen. Wir haben dies bereits im Marketing und im Journalismus gesehen, als Facebook die Schrauben der organischen Reichweite angezogen hat, was zu größeren Anstrengungen geführt hat, Verbraucher oder Leser direkt zu erreichen (was das Internet erleichtert, auch wenn einige Websites hart daran gearbeitet haben, uns das „vergessen" zu lassen). Und die Belohnungen in Form von Kundenloyalität und Engagement sind bemerkenswert.

Bessere Medien

Seien wir ehrlich, die Berichterstattung rund um Technologie war bis vor Kurzem absolut schrecklich. Entweder war sie gänzlich von Gadgets besessen, bis hin zur Nachgiebigkeit gegenüber den großen Herstellern, oder sie war vollständig an das Start-up- und Venture-Capital-Ökosystem verkauft.

Vor einem Jahrzehnt war NEXT18-Sprecher Andrew Keen mit Büchern wie *The Cult of the Amateur* eine der wenigen Stimmen, die angesichts der Richtung, in die wir uns bewegten, ihre Alarmglocken läuteten. → 4 Ich würde sagen, dass Leute wie Nicholas Carr ähnliche Botschaften verkündeten – aber sie bekamen nicht die Zugkraft, die sie verdienten. Wenn sie überhaupt Beachtung fanden, wurden sie als Cyber-Häretiker und mutwillig Streitsüchtige bezeichnet. Mit jener wunderbar klaren Sicht, die erst im Nachhinein entsteht, sehen sie tatsächlich wie Visionäre aus. Wie Kassandra in der griechischen Legende waren sie dazu verdammt, dass ihnen nicht geglaubt wurde, bis es zu spät war. Auch Keen ist immer noch der Masse weit voraus mit seinem neuen Buch, das einige Lösungen vorschlägt, gerade in dem Moment, in dem die Welt erkennt, dass sie tatsächlich Lösungen braucht. → 5

Wir haben die schreckliche Angewohnheit, nicht auf Menschen zu hören, die schwierige Dinge sagen. Forscher wie danah boyd, die sich intensiv mit dem wahren Verhalten von Menschen in Online-Communitys beschäftigten, verschwanden langsam aus dem Gespräch, als Experten und Unternehmer, reichlich mit überlebenswichtigen Vorurteilen ausgestattet, zur standardmäßigen Stimme wurden und glänzende, freudige Botschaften von Disruption und Vernetzung predigten. Wenn überhaupt, dann haben wir jetzt den umgekehrten Weg eingeschlagen. Die Berichterstattung über Unternehmen wie Cambridge Analytica ist wichtig und zu Recht preisgekrönt.

Aber zu viele andere nehmen diese Darstellung und arbeiten mit „alles, was digital ist, ist böse“ als ihrem Narrativ. Das ist nur eine weitere Manifestation moralischer Panik und in keiner Weise förderlich für intelligente, nützliche Diskussionen über die Zukunft, die wir aufbauen wollen.

Die Medienwelt – insbesondere die Mainstream-Medienwelt – muss anfangen, die Technologie mit der Ernsthaftigkeit zu behandeln, die sie verdient. Sie muss über Lösungen und Korrekturen sowie über Probleme berichten. Und sie muss sich viel tiefer mit den sozialen Folgen der jüngsten Entwicklungen im Technologiebereich auseinandersetzen – und mit ihrer eigenen Berichterstattung.

Einige Kanäle haben bereits im Jahr 2015 über die Internet Research Agency – Russlands berüchtigte Trollfarm – berichtet, bevor die leidigen US-Präsidentschaftswahlen stattfanden. Aber dem Thema wurde nicht annähernd die Aufmerksamkeit zuteil, die es verdiente. Wie anders hätte sonst die Geschichte der letzten drei Jahre verlaufen können.

Bessere Gespräche

Der vielleicht gefährlichste Satz im heutigen Leben lautet: „Oh, ich weiß nicht viel über Technologie. Ha ha.“

Es gibt einen Teil der Gesellschaft, der seine Ignoranz gegenüber der Technologie oder dem Internet als etwas sieht, auf das man stolz sein kann. Es gibt ein Wort für diese Leute: Narren. Das Internet hat sich von den Schlafzimmern der frühen Geeks und den Labors des CERN aus in jeden Teil unseres Lebens eingewoben. Wir können es uns nicht leisten, es einfach blind zu nutzen, ohne über die Konsequenzen nachzudenken und zu diskutieren.

Wenn wir uns für einen WhatsApp-Chat oder eine Facebook-Gruppe entscheiden, um die Konversation mit den anderen Eltern der Klasse unseres Kindes in der Schule aufrechtzuerhalten, dann haben diese Entscheidungen Konsequenzen. Einige dieser Gespräche grenzen andere aus. Was ist mit den Eltern, die sich entschieden haben, Facebook nicht zu nutzen?

Meine Frau zum Beispiel tut es nicht, und so muss ich alle relevanten Diskussionen und Planungen mit ihr noch einmal durchspielen. Als Alleinerziehende hätte sie leicht in eine größere soziale Isolation gezwungen werden können, mit Folgen für ihre Kinder. Tausend kleine, scheinbar triviale Diskussionen wie diese forcieren die Fixierung auf die großen Plattformen und erzeugen einen gesellschaftlichen Druck, der den Megakonzernen mehr nützt als uns.

Wir als eine Reihe von Gesellschaften führen diese Gespräche nicht ausreichend. Wir müssen anfangen. Und wir müssen es auch weiterhin tun.

Einer der Gründe, warum wir jede Woche auf dem NEXT-Blog posten, und das schon seit sehr langer Zeit, ist, dass die Gespräche, die auf unserer Konferenz stattfinden, nicht isoliert existieren. Sie beginnen in unseren Büros, entwickeln sich in unserem Blog und verbreiten sich über Social Media an unsere Teilnehmer und andere Mitglieder der Community.

Persönliche Verantwortung

Wissen Sie was? Wir sind keine Roboter. Wir haben einen freien Willen, und während wir alle anfällig sind für psychologische Fehler und Schwächen, die digitale Produkte ausnutzen können, so können wir mit wachem Verstand unterschiedliche Entscheidungen treffen. Wir können Apps mit einem Geschäftsmodell nutzen, das nicht unsere Daten verschlingt. Wir können uns dafür entscheiden, unsere Nutzung von missbräuchlichen Sites zu minimieren. Wir können uns dafür entscheiden, im Laufe der Zeit bessere Entscheidungen zu treffen, und wir können uns daran erinnern, dass neue Technologien alte Technologien nicht vollständig verdrängen.

Tatsächlich bedeutet die bloße Tatsache, dass Sie dies jetzt lesen, dass Sie bereits begonnen haben, eine solche Entscheidung zu treffen. Dies ist eine Sammlung von Texten in Buchlänge, kein schneller Facebook-Post. Sie lesen diese Sammlung von Gedanken und Einsichten nicht in einem sozialen Netzwerk, oder? Sie lesen sie als E-Book, ein Format, das für Konzentration und vertiefende Erklärung konzipiert ist, noch mehr als, sagen wir, Blogging, das an sich schon eine aufmerksamkeitsstärkere Form ist. Dieser Artikel ist etwa 1.000 Wörter länger als das längste Stück, das ich für die Website geschrieben habe. Die Luft zum Atmen ist erfrischend für mich als Autor und hoffentlich auch für Sie als Leser.

Wenn Sie deutsch – oder zumindest deutschsprachig – sind, haben Sie vielleicht sogar das Privileg, diese Worte als gedrucktes Buch in den Händen zu halten. Falls ja, dann danke. Vielen Dank, dass Sie eine fundierte Entscheidung getroffen haben, diese Themen zu vertiefen. Vielen Dank, dass Sie mit uns den **DIGITAL FIX** suchen. Und vor allem danke ich Ihnen, dass Sie uns durch Ihre Wahl gezeigt haben, dass der Idealismus des frühen Internets weiterlebt, auch wenn er durch die Mühen der letzten Jahre in ein hartes Stahlbad getaucht wurde.

Wir können immer noch eine bessere digitale Welt aufbauen. Das Internet ist noch nicht fertig. Aber wir müssen aufhören, es als etwas „anderes“ zu behandeln. Es ist so fest um unsere Politik, unsere Unternehmen, unser Privatleben und unsere Beziehungen gewickelt, dass wir wirklich sagen können, dass *wir* digital sind. Es ist unser **DIGITALES EGO**. Und wir verdienen ein besseres, als wir es im Augenblick bekommen. Lasst uns mit dem Bau fortfahren.

Adam Tinworth ist Wirtschaftsjournalist, Blogger,
Berater und Trainer für internationale Medienunternehmen.
Seit 2012 bloggt er für die NEXT.

Quellen

1 **Skrebels, Joe** (2018). Mark Hamill on the Weirdly Tragic Trajectory of Luke Skywalker. IGN.com.

2 **Monteiro, Mike** (2017). One person's history of Twitter, from beginning to end. Medium.com.

3 **Barlow, John Perry** (1996). A Declaration of the Independence of Cyberspace. EFF.org.

4 **Keen, Andrew** (2007). The Cult of the Amateur. Currency.

5 **Keen, Andrew** (2018). How to Fix the Future: Staying Human in the Digital Age. Atlantic Books.

PAMELA PAVLISCAK

Können wir Technologie für Wohlbefinden gestalten?

PAMELA PAVLISCAK

Können wir Technologie für Wohlbefinden gestalten?

Erinnern Sie sich noch, dass vor nicht allzu langer Zeit die Technologie unser Leben verbessern sollte? Wir würden bei der Arbeit produktiver sein. Wir würden wieder Kontakt zu Freunden von nah und fern aufnehmen. Wir würden uns über alle Informationen der Welt freuen.

Das mag zwar immer noch wahr sein, aber es ist nicht mehr die ganze Geschichte. Die Technologie verschlingt das Glück:

- Social Media lenken uns von dem ab, was wir wirklich wollen.
- Filterblasen und Fake News haben eine riesige politische Zweiteilung verursacht.
- Smartphones drohen eine ganze Generation zu zerstören.

⊙ Künstliche Intelligenz wird unsere Jobs übernehmen, uns weniger Kontrolle geben und unseren Realitätssinn destabilisieren.

An den meisten Tagen schwanken wir zwischen Euphorie über die Bewertung von Bitcoin und Ärger über den unstillbaren Energiebedarf. Wir staunen über fahrerlose Autos, während wir uns fragen, was wir auf dem Weg zur Arbeit tun werden. Wir begeistern uns für die Bequemlichkeit von Amazon Go und sorgen uns um das Ende des Ladens an der Ecke.

Diese emotionale Achterbahnfahrt lässt uns fragen, ob Technologie zu einem lebenswerten Leben gehören kann. Oder ob Technologie immer etwas sein wird, das ständig in Schach gehalten werden muss.

Hier kommt das wahre Glück ins Spiel.

Mehr als ein Gefühl

Wenn wir an Glück oder irgendeine Emotion denken, dann denken wir an ein instinktives Gefühl, das durch etwas in der Welt um uns herum entsteht. Wir sehen einen Welpen auf uns zukommen, unser Mund erweicht zu einem Lächeln und wir fühlen uns *glücklich*. Oder im Internet: Wir scrollen durch unseren Feed, bemerken einen bezaubernden Doggo und tippen auf das Herz.

Im Design haben wir Wege gefunden, kleine Momente der Freude zu gestalten, indem wir auf die Details achten. Ob es ein Cursor ist, der eine funkelnde Spur hinterlässt oder eine clevere Fehlermeldung, das Ziel ist es, *Freude* zu wecken. Freude, so Aarron Walter in seinem Buch *Design for Emotion*, ist ein Bonus auf eine bereits nützliche und nutzbare Erfahrung. → 1

Freude, oder jenes Prickeln der Freude, das wir fühlen können, wenn wir helle Farben oder runde Formen oder eine Handvoll Konfetti sehen, kann sicherlich mit der Zeit zu einem Gefühl des Wohlbefindens beitragen. Ingrid Fetell Lee spricht über das heilende Potenzial freudiger Momente in ihrem jüngsten TED-Talk und dem demnächst erscheinenden Buch *Joyful: The Surprising Power of Ordinary Things to Create Extraordinary Happiness.* → 2 Darin liegt eine gewisse psychologische Wahrheit. Die Psychologin Barbara Fredrickson vermutet in ihrem Buch *Positivity*, dass drei positive Faktoren jeden negativen Faktor ausgleichen. → 3 Die Beziehungsgurus John und Julie Gottman behaupten, 5:1 sei das perfekte Verhältnis von Lob zu Kritik. → 4 Begeisterung könnte ein Teil dieser positiven Aspekte sein.

Im Design haben wir uns implizit der Idee verschrieben, dass entzückende Details das Negative ausgleichen können. Das können sie, wenn die negativen Aspekte ein unangenehmer Check-out-Prozess oder eine vorübergehende Störung sind. Aber Freude kann die großen Negativbilder nicht ausgleichen, wie zum Beispiel Gefühle der App-Abhängigkeit oder eine kulturelle Spaltung, die sich durch Fake News verschlimmert. Vielmehr kann Freude sogar zu ihrer Entstehung beitragen.

Engagement ist zum Zielpunkt für viele der Technologien geworden, die uns am unglücklichsten zu machen scheinen. Zum Teil, weil Engagement Freude nimmt und sie auf den Kopf stellt. Es bedeutet, einen Punkt auf der Route zu wählen, an dem Menschen emotional verwundbar sind, und ihn dann für eine Weile zu „lösen", um Menschen wieder und wieder an den gleichen Punkt zurückzubringen. Wie Nir Eyal es in seinem populären Buch *Hooked* beschreibt, werden sie „süchtig". → 5 Wenn wir einen Blick auf eine Benachrichtigung auf unserem Handy werfen oder unseren Feed auffrischen, erhalten wir einen kleinen Dopaminschub, und wir fühlen uns gut, aber nur für einen Moment.

Was jedoch zu geschehen scheint, ist dass ein Design zur Schmerzlinderung nicht den Schmerz lindert. Stattdessen kultiviert es einen Kreislauf negativer Emotionen. Das gute Gefühl hält nicht lange an. Das falsche Gefühl der Dringlichkeit schafft eine neue Quelle von Stress. Ohne es vollständig wahrzunehmen, haben wir negative Emotionen wie Langeweile oder Angst oder FOMO entwickelt. Wenn wir anfangen, Freude als variable Belohnung zu gestalten, führt das letztendlich zu Elend.

Design für Freude, auch wenn es nicht aus den Fugen gerät, ist ein zu enges Ziel. Selbst wenn man das Glück als eine Emotion betrachtet: Forscher haben herausgefunden, dass wir auf einem konstant hohen Niveau nicht gut leben. Es gibt ein Spektrum von positiven Aspekten, und jedes positive Gefühl ist oft mit negativen Gefühlen verbunden. Stolz und Scham sind auf einem Kontinuum, ebenso wie Angst und Aufregung, Bedauern und Nostalgie. Glück, emotional gesprochen, ist komplex. Aber Glück ist auch mehr als eine Emotion.

Wenn Psychologen, Soziologen und Verhaltensökonomen das Glück erforschen, steht nicht das positive Gefühl im Vordergrund, zumindest nicht das eigene. Bei der Glücksforschung geht es um das *Wohlbefinden* (Wellbeing) im weiteren Sinne. Wir können es sogar noch weiter zurückverfolgen auf das Konzept des „guten Lebens".

Das Glück und das gute Leben

Das gute Leben ist seit Langem eine Frage für Philosophen und Dichter. In den letzten zwei Jahrzehnten hat diese Frage die Aufmerksamkeit von Psychologen, Ökonomen und Neurowissenschaftlern auf sich gezogen. Das Glück ist die primäre Art, wie wir über das gute Leben reden. Wir diskutieren nicht über Schönheit oder Ehre oder Tugend, sondern über Glück. Glück im weitesten Sinne ist ein wichtiger Ausgangspunkt für die Beschäftigung mit größeren Fragen der sozialen Gerechtigkeit, der

Ethik und des Gemeinwohls. Sie beschäftigt sich mit der Idee des individuellen Handelns und des kollektiven Wohlbefindens.

Das Streben nach Glück bestimmt unser Handeln. Wir hoffen, dass uns die Arbeit glücklich macht oder zumindest hilft, andere Dinge zu unterstützen, die uns glücklich machen. Wir kaufen alle möglichen Dinge in der Hoffnung, dass sie uns glücklich machen. Wir verfolgen Beziehungen mit Blick auf das Glück. Es ist das oft unausgesprochene *Ziel hinter dem Ziel* hinter so vielen Dingen, die wir tun.

Wir sind aus vielen guten Gründen ein wenig vom Glück besessen. Glückliche Menschen sind gesünder und leben länger. Glückliche Menschen haben mehr Freunde. Sie führen doppelt so viele bedeutungsvolle Gespräche. Glückliche Menschen spenden mehr für wohltätige Zwecke, und sie helfen Menschen in Not mit größerer Regelmäßigkeit. Glückliche Menschen sind in der Regel produktiver und erfolgreicher bei der Arbeit. Sie sind kreativer und können besser das große Ganze sehen. Glückliche Menschen sind widerstandsfähiger, wenn es um negative Emotionen und Ereignisse geht. Glück ist auch eine Art virtuoser Kreislauf. Je glücklicher wir sind, desto glücklicher fühlen wir uns.

Glück ist kein magisches Elixier, das alles heilen würde. Selbsthilfegurus, die Menschen zum Glück bringen, können langweilig sein. Joywashing, das Glück verspricht, um Produkte zu verkaufen, ist unaufrichtig. Das Beharren darauf, dass jeder von uns allein dafür verantwortlich ist, sein eigenes Glück oder Unglück zu schaffen, ist kurzsichtig. Und es ist viel cooler, ironisch und der Welt überdrüssig zu sein. Glück hat seine Nachteile, ganz sicher. Trotz aller Nachteile ist es immer noch eine lohnende Sache. Und das ist der Grund.

Ob wir es nun „das gute Leben" oder Wohlbefinden oder gar Humanismus nennen, Glück zählt in allen Lebensbereichen. Die Beweise sind überzeugend und weitreichend. Eine Renaissance der Forschung in vielen akademischen Bereichen untermauert dies. Es gibt erhebliche medizinische Beweise dafür, dass emotionales und soziales Wohlbefinden die nächste Herausforderung für die Gesunderhaltung ist. Und die Technologie, die so sehr in unsere Alltagserfahrung eingebettet ist, prägt auch weiterhin das Glück.

Technologie und das neue Glück

Der Beitrag der Technologie zum Wohlbefinden ist in gewissem Sinne implizit. Zur Verdeutlichung: Bisher haben wir einen evolutionären Ansatz für das Wohlbefinden gewählt, bei dem wir „primitive" Bedürfnisse nach Komfort erfüllen (seltener Sicherheit, aber das ist ein anderes Thema) und dann davon ausgehen, dass die Selbstverwirklichung folgen wird.

Apps für die Produktivität sind im Überfluss vorhanden. Tech-Protagonisten versichern uns, dass die KI uns von niederer Arbeit befreien wird, sodass wir uns in anspruchsvolleren Berufen engagieren können, obwohl niemand ganz sicher ist, was das sein wird. Autonome Autos werden uns mit ziemlicher Sicherheit Zeit lassen, etwas Besseres aus unserem Leben zu machen, aber was? Wir sind uns nicht ganz sicher, wohin es führen wird, aber es fühlt sich wie Fortschritt an.

Diese Sicht des Glücks, in der nur wenige Glückliche es bis an die Spitze der Maslowschen Bedürfnishierarchie schaffen, spiegelt nicht die gelebte Realität der meisten Menschen wider. Man kann immer noch Liebe fühlen und einen Sinn in seinem Leben haben, ob man nun komfortabel lebt oder nicht. Im schlimmsten Fall kann diese Sichtweise Menschen entmenschlichen, die sich unter schrecklichen Umständen befinden. Das ist ein Grund, warum es zu einer Verschiebung der Definition von Wohlbefinden als ein adaptives System von Beziehungen zwischen Menschen, Produkten und Planeten kommt.

Die Wahrheit ist, dass wir Technologie noch nie mit Blick auf Wohlbefinden im weitesten Sinne gestaltet haben. Wir haben sie mit Blick auf Leichtigkeit, Produktivität, Engagement und Freude gestaltet. Jedes davon hat sich als unzureichend erwiesen. Etwas so komplexes wie Wohlbefinden lässt sich nicht in einer kurzen Liste von Funktionen zusammenfassen. Wir können es nicht als einen Schritt im Prozess hinzufügen: Empathie, Definition, Idee, Prototyp, Test, Wohlbefinden. Es handelt sich nicht um eine Reihe von Tipps, die es schnell zu implementieren gilt, um das Erlebnis zu verfeinern.

Anstatt Glück als eine Reihe von Prinzipien für die religiöse Praxis (es gibt bereits viele wunderbare, auf die man zurückgreifen kann) oder einen Prozess zu betrachten, der auf magische Ergebnisse kalibriert werden muss, schlage ich Folgendes vor: Glück als einen Weg, um unsere Perspektive auf Design zu ändern. Mehr als alles andere hilft uns das neueste, großartigste Nachdenken über das Glück, die Welt auf eine neue Art und Weise zu sehen.

Eine menschliche Zukunft gestalten

Lassen Sie es uns so sehen, als würde man eine lebendige Stadt entwerfen. Viele der besten Denkansätze zum Thema Design für das Wohlbefinden sind aus dem Design von Städten hervorgegangen, von Jane Jacobs' Arbeit in New York bis hin zu Terrapin Bright Greens Formensprache für WELL-Buildings. Es gibt keine Formel für eine glückliche Stadt, aber sie muss die richtigen Elemente enthalten – Blocks mit gemischter Nutzung, Grünflächen, weniger Autos und mehr Radwege. Und das allein ist nicht genug. Es muss alles zusammenpassen.

Glück ist zu einem Ordnungsprinzip für Design in anderen Zusammenhängen geworden. Städte von Bogota in Kolumbien bis Somerville, Massachusetts in den Vereinigten Staaten haben das Glück als Methode der Stadtplanung genutzt. Die Architektur hat lange darüber nachgedacht, wie die Form eines Gebäudes einen Moment des Staunens anregen kann, damit eine Gemeinschaft auf positive Weise interagieren kann. Ruhe in unseren Häusern zu schaffen, sei es, indem man sieht, ob Objekte „Freude machen" oder ein Gefühl von Hygge (das dänische Konzept der einladenden Gemütlichkeit) erzeugen, ist ein ausgeprägter Trend.

Der Schlüssel zu all diesen Entwicklungen ist, dass Glück kein Geschenk ist, das wir der Welt mit Design schenken. Das Glück wird von Designern und Menschen aus allen Bereichen des Lebens zusammen geschaffen. Es nimmt nicht nur eine Form an, es nimmt viele Formen an. Es führt uns nicht aus der Welt, sondern gibt uns neue Wege, in der Welt zu sein.

Hier sind ein paar Möglichkeiten, diese Art des Denkens auf die Technologie anzuwenden:

Die Ziele ändern

Design für das Wohlbefinden muss an der Wurzel beginnen, indem wir die Art und Weise ändern, wie wir Erfolg definieren. Eine Möglichkeit, dies zu erreichen, besteht darin, den Nutzwert in der gleichen Weise zu modellieren, wie es Ökonomen zu tun beginnen. Das Bruttoinlandsprodukt (BIP) erfasst eine Menge wirtschaftlichen Wert nicht, von der Pflegearbeit bis zur Open-Source-Softwareentwicklung. Mehr noch, wirtschaftliche Kennzahlen erfassen nicht alle anderen Aspekte eines guten Lebens wie eine nachhaltige Gemeinschaft oder sauberes Wasser oder sinnstiftende Beziehungen.

Also haben Ökonomen nach anderen Modellen gesucht, um das gute Leben zu ergründen. Der OECD Better Life Index ist ein Modell, das Gesundheits-, Gemeinschafts-, Bildungs- und Umweltmaßstäbe berücksichtigt. Es gibt auch den Social Progress Index, den Gallup-Sharecare

Well-Being Index, die Entwicklungsziele der Vereinten Nationen und die Indikatoren der New Economics Foundation. Jeder enthält eine Reihe von Indikatoren aus verschiedenen Quellen. Es gibt keine singuläre Metrik. Die Daten werden trianguliert. Die typischen wirtschaftlichen Indikatoren werden durch eine Vielzahl von Kennzahlen zum persönlichen und kollektiven Wohlbefinden aufgewogen.

So wie das BIP kein hinreichend detailliertes Bild davon vermittelt, wie gut Menschen leben, reichen Marktindikatoren allein nicht aus, um sicherzustellen, dass sich die Technologie zum Wohle der Menschheit entwickelt. Bislang messen Unternehmen den Erfolg, indem sie auf die Conversion-Rate setzen, um die Anzahl neuer Kunden zu quantifizieren, und indem sie das Engagement nachverfolgen, um festzustellen, wie viel Zeit diese Kunden mit dem Produkt verbringen. Auch wenn viele Technologieunternehmen ein Leitbild haben, das sich an Prinzipien des Wohlbefindens orientiert, ist die Entscheidung, wie der Erfolg zu messen ist, immer noch ein echter Kampf. Tech kann Städte und Länder als Vorbild nehmen, um neue Ziele zu setzen und Fortschritte zu messen.

Alle auswählen

Wenn wir das Wohlbefinden zum Ziel machen, stellt sich die nächste Frage: Wessen Wohlbefinden? Die Antwort ist einfach – die eines jeden. Wohlbefinden beruht auf einer komplexen Verbindung zwischen Individuen und Gemeinschaften, Gesellschaften und Organisationen, daher muss es möglichst viele Menschen einschließen. Das Bemühen, möglichst diverse Teams einzustellen, ist ein guter Anfang. Je mehr wir aus unseren persönlichen Filterblasen herauskommen, desto besser für alle. Vielfältige Neueinstellungen lösen aber noch nicht alle Probleme. Egal wie vielfältig Organisationen auch sein mögen, sie haben Agenden, die mit Einzelpersonen, sozialen Gruppen, anderen Organisationen und Regierungsinstitutionen in Konflikt geraten. Wir brauchen auch diese Stimmen.

Inklusives Design ist eine Methode, die uns zum Design für Vielfalt ermutigt. Unter der Leitung von Kat Holmes hat Microsoft kürzlich eine Reihe von Richtlinien und Übungsbeispielen entwickelt, die Designern helfen, barrierefreie Designs zu erstellen, die für jedermann geeignet sind. Ihr in Kürze erscheinendes Buch *Mismatch: How Inclusion Shapes Design* beschreibt, wie man *mit* ausgeschlossenen Nutzern gestaltet, statt *für* sie. → **6**

Gleichgewicht zwischen Person, Menschen und Planet

Eine weitere Möglichkeit, Wohlbefinden zu schaffen, ist, das persönliche Glück zu überdenken, indem wir in die Fußstapfen der positiven Psychologie treten. Anstatt sich nur auf positive Gefühle zu fokussieren, ist das persönliche Wohlbefinden vielschichtig. Es ist eine Balance aus Vergnügen und Zweck. Anna Pohlmeyer und Pieter Desmet von der TU Delft haben unter dem Namen „Positives Design" den Versuch unternommen, positive Psychologie in Design zu übersetzen. → **7** Ihr Modell betrachtet drei Faktoren für das Wohlbefinden: Design für persönliche Bedeutung (Significance), Design für Genuss (Pleasure) und Design für Stärke (Virtue). In ihrem Buch *Positive Computing: Technology for Wellbeing and Human Potential* haben Rafael Calvo und Dorian Peters von der University of Sydney beschrieben, wie Technologie das persönliche Wohlbefinden unterstützen kann. → **8** Calvo und Peters untersuchen spezifische Wohlfühlfaktoren wie positive Emotionen, Selbstbewusstsein, Achtsamkeit, Empathie und Mitgefühl.

Wohlbefinden ist nicht nur eine Frage des individuellen Glücks. Im nächsten Schritt müssen wir unseren Designprozess so anpassen, dass nicht nur derjenige berücksichtigt wird, der davon profitiert, sondern auch derjenige, der geschädigt wird. *Value Sensitive Design* (VSD), das erstmals von Batya Friedman und Peter Kahn an der University of Washington entwickelt wurde, untersucht mögliche Konfliktfelder und den Beitrag der Technologie. → **9** Typische Wertekonflikte sind Verantwortlichkeit vs. Privatsphäre, Vertrauen vs. Sicherheit, ökologische Nachhaltigkeit vs. wirtschaftliche Entwicklung, Privatsphäre vs. Sicherheit und hierarchische Kontrolle vs. Demokratisierung. VSD zielt darauf ab, Werte zu identifizieren, Spannungsfelder zu erforschen und Wertkompromisse mit einem breiten Spektrum von Anspruchsgruppen sowie über die gesamte Lebensdauer des Produkts zu berücksichtigen. Obwohl VSD es nicht über die akademischen Kreise hinaus zu schaffen schien, war *Privacy by Design* – ein Ableger der Methode – grundlegend für die Datenschutzgrundverordnung (DSGVO) der Europäischen Union.

Eine weitere Bewegung, die sich durchsetzt, ist die Verlagerung in Richtung Nachhaltigkeit. Vielleicht das beste Beispiel für neue Ziele für die Wirtschaft ist Kate Raworths *Doughnut Economics: 7 Ways to Think Like a 21st-Century Economist.* → **10** Das Designbüro IDEO hat damit begonnen, die Idee der Kreislaufwirtschaft (Circular Economy) zu adaptieren, indem es die Methoden des Design Thinking an nachhaltige Ziele anpasst. *Circular Design* betrachtet nicht nur, wie Technologie diese Ziele eines Individuums erreicht, sondern auch, wie Technologie in einem Ökosystem existiert. Die Methode ist ein Anfang für die Integration von Zielen des Wohlbefindens des Planeten in die Designpraxis.

Mögliche Zukunftsperspektiven entdecken

Ausgehend von der Arbeit der strategischen Frühaufklärung können wir STEEP (Society, Technology, Economics, Environment, Politics) als Rahmen nutzen, um Implikationen zu berücksichtigen. Besser noch, wir können es mit den Indizes des Wohlbefindens in Einklang bringen und die Bereiche Technologie, Gesundheit, Bildung, Geld, Umwelt und Gesellschaft betrachten. Es folgen einige Fragen, um die langfristigen Auswirkungen auf das zukünftige Wohlbefinden zu untersuchen.

- **Technologie:** Welche anderen Technologien sind betroffen und wie ist das der Fall? Welche hängen zusammen? Wie verändert das Produkt oder die Dienstleistung die technische Landschaft? Wie könnte es sich ändern, wenn sich die Nutzung auf Tausende von Menschen ausweitet? Wie kann die Technologie neu angeeignet werden? Von welchen Gemeinschaften? Werden einige Leute sich dagegen entscheiden? Wie wird sich die Obsoleszenz auf diejenigen auswirken, die sie weiterhin nutzen? Wie wird die Technologie die Anpassung erleichtern? Wie können sich Generationen, die mit dieser Technologie erwachsen werden, diese aneignen?

- **Gesundheit:** Wie kann sich Technologie auf die Gesundheit des Einzelnen auswirken? Welche Auswirkungen hat dies auf die Gesundheitsausgaben? Wie könnte sie den Zugang zur Versorgung beeinträchtigen? Wird sie die Zukunft der Therapie verändern? Wer wird einbezogen und wer ausgeschlossen?

- **Bildung:** Welchen Einfluss hat dies auf das Lernverhalten der Menschen? Wie wird sie mit Bildungseinrichtungen koexistieren? Wie könnte sie soziale Strukturen verändern? Unterstützt sie eine bestimmte Sichtweise? Wie kann das System die Entwicklung von Kindern beeinflussen?

- **Geld:** Wie wird sie die Art der Arbeit verändern? Welche Auswirkungen hat dies auf das Gleichgewicht zwischen Arbeit und anderen Aktivitäten? Wird das Einkommen dadurch umverteilt? Welchen Einfluss wird sie auf das Leben der Menschen haben?

- **Umwelt:** Welche Ressourcen werden benötigt, um das Produkt oder die Dienstleistung herzustellen? Was sind die Nebenprodukte seiner Herstellung und Verwendung? Welche positiven Ergebnisse können auftreten? Wie kann es sich anpassen, um ein positives Ergebnis zu erzielen? Wo liegt die Grenze zwischen Mensch und Natur?

- **Gesellschaft:** Wie könnte die Technologie Beziehungen verändern? Wie könnte sie Freundschaften beeinflussen? Familienbeziehungen? Wie trägt sie zum Aufbau von Gemeinschaften bei? Sozialer Strukturen? Politischer Gruppen? Wie kann sie bürgerschaftliches Engagement fördern? Würde dies bedeuten, dass eine Gruppe von Menschen Macht über eine andere hat? Würde sie neue Machtstrukturen in der Gesellschaft schaffen? Bestehende verstärken? Würde sie den Menschen die Möglichkeit geben, das System zu verändern? Wie werden sich politische Realitäten auf die Nutzung auswirken? Was werden die Herausforderungen sein, wenn sie in anderen Ländern genutzt wird? Wie könnte sie von Menschen missverstanden werden, die mit unserer Kultur nicht vertraut sind?

Meistens werden diese Fragen zu spät oder gar nicht gestellt. Aber wenn wir das Wohlbefinden als vernetztes System betrachten, sind das die Implikationen, die jedes Team berücksichtigen muss. Doch was wird eine wirkliche Veränderung bewirken?

Ein Faktor ist die Marktpositionierung. Die Menschen werden sich zunehmend des Wertes ihrer Zeit bewusst und dessen, wie manche Apps versuchen, ihn auszubeuten. Fake News hat Menschen dazu gebracht, sich nach vertrauenswürdigen Quellen zu sehnen. Werbeblocker sind weitverbreitet. Die Menschen suchen aktiv nach Produkten, die das Wohlbefinden auf vielfältige Weise unterstützen, von der Fitness über die psychische Gesundheit bis hin zur Achtsamkeit.

Die Gewinnung von Talenten wird auch den organisatorischen Wandel vorantreiben. Der Markt für Talente war noch nie so hart umkämpft. Auch die Technologiebranche selbst betreibt eine sinnvolle Selbstreflexion. Die jüngste Gegenreaktion von Google-Mitarbeitern in Bezug auf Rüstungsverträge zeigt, dass sich Mitarbeiter dafür interessieren. Ein Unternehmen, das ein Produkt oder eine Dienstleistung anbietet, die wirklich zum Wohlbefinden beiträgt, wird Talente anziehen und halten, insbesondere unter jenen Designern und Entwicklern, die bereits einen starken Impuls haben, die Welt zum Besseren zu verändern.

Ob Unternehmen langsam neue Maßnahmen ergreifen, ihre Werte radikal verändern oder versuchen, den bisher eingeschlagenen Weg fortzusetzen, der Wandel wird sich in jedem Fall vollziehen. Metriken wie Seitenaufrufe, Retweets und Ähnliches werden unweigerlich verblassen. Überzeugungstaktiken, die heute funktionieren, werden entlarvt und aufgegeben. Zukunftsorientierte Unternehmen werden anfangen, anders darüber zu denken, wie sie Erfolg definieren, um wettbewerbsfähig zu bleiben.

Wenn die Technologieindustrie bei der Pflege des Wohlbefindens dem Beispiel der Länder und Städte folgt, sollte Erfolg:

- an mehreren Faktoren gemessen werden, nicht nur an wirtschaftlichen.
- sowohl auf langfristige als auch auf kurzfristige Ziele hin entwickelt werden.
- das ganze Leben einbeziehen, nicht nur Interaktionen.
- Mehrwert für ein breiteres Spektrum von Anspruchsgruppen betrachten, nicht nur für Aktionäre und Geschäftspartner.
- transparent sein über den Nutzwert, wer davon profitiert und wie er gemessen wird.
- widerspiegeln, wie der Wert von Produkten und Dienstleistungen im Verhältnis zu Kultur, Kontext, Werten, Überzeugungen und Emotionen steht.

In letzter Zeit haben wir gesehen, dass viele der größten Akteure der Branche beginnen, das Wohlbefinden in den Vordergrund zu stellen. Google hat seine Initiative Digital Wellbeing verkündet. Apple schloss sich mit neuen Funktionen zur Unterstützung des Wohlbefindens an. Microsoft arbeitet derzeit an einem ähnlichen Programm. Diese Programme sind bisher darauf ausgerichtet, den Einsatz von Technologie zur Unterstützung des Wohlbefindens zu minimieren.

Um die Ziele des digitalen Wohlbefindens zu fördern, reicht es nicht aus, Menschen zu ermutigen, ihre Zeit im Netz auf ein Minimum zu reduzieren. Die Idee, dass wir einfach einen Schalter umlegen können, um das Gleichgewicht wiederherzustellen, ist grob falsch. Detox Design, wo Anwendungen Zeitmesser setzen und Warnhinweise anzeigen, ist mehr Verzicht als Antwort. Stattdessen müssen wir die Art und Weise, wie wir Technologie gestalten, von Grund auf ändern. Und wir können damit beginnen, indem wir die goldene Regel des Designs für das Wohlbefinden befolgen: Die Menschheit muss florieren.

Pamela Pavliscak ist Gründerin der Designforschungsfirma Change Sciences und Autorin von *Designing for Happiness: The User and Business Benefits of Positive Design*.

Quellen

1 **Walter, Aarron** (2015). Design for Emotion. A Book Apart.

2 **Fetell Lee, Ingrid** (2018). Joyful: The Surprising Power of Ordinary Things to Create Extraordinary Happiness. Little, Brown Spark.

3 **Fredrickson, Barbara** (2009). Positivity: Top-Notch Research Reveals the Upward Spiral That Will Change Your Life. Harmony Books.

4 **Gottman, John et al.** (2013). What Makes Love Last: How to Build Trust and Avoid Betrayal. Simon & Schuster.

5 **Eyal, Nir** (2014). Hooked: Wie Sie Produkte erschaffen, die süchtig machen. Portfolio.

6 **Holmes, Kat** (2018). Mismatch: How Inclusion Shapes Design. MIT Press.

7 **Desmet, Pieter M. A. et al.** (2013). Positive design: An introduction to design for subjective well-being. International Journal of Design, 7(3), 5-19.

8 **Calvo, Rafael et al.** (2014). Positive Computing: Technology for Wellbeing and Human Potential. MIT Press.

9 **Friedman, Batya et al.** (2006). Value Sensitive Design and Information Systems. In P. Zhang & D. Galletta (Eds.), Human-Computer Interaction in Management Information Systems: Foundations. Routledge.

10 **Raworth, Kate (2017).** Doughnut Economics: 7 Ways to Think Like a 21st-Century Economist. Chelsea Green Publishing.

DAVID MATTIN

Willkommen in der Augmented Modernity

DAVID MATTIN

Willkommen in der Augmented Modernity

Wir alle, die wir uns als Technologen bezeichnen, befinden uns derzeit mitten in einem ständigen Gespräch darüber, wie wir die Zukunft wieder in Ordnung bringen können.

Heute dreht sich dieses Gespräch um ein fünfeckiges Gravitationszentrum. Google, Facebook, Amazon, Apple und Twitter symbolisieren auf unterschiedliche Weise die Herausforderungen, die eine vernetzte Welt an die Normen und Institutionen stellt, auf denen die liberale Demokratie des freien Marktes aufbaut. Wir stehen erst am Anfang damit, herauszufinden, wie wir darauf reagieren sollen.

Dieses Gespräch ist notwendig, und es wird noch Jahre andauern. Aber ich möchte darüber hinausblicken, auf einen sich abzeichnenden Trend, der meiner Meinung nach eine grundlegende Herausforderung für uns alle – einzeln und als Gesellschaft – im 21. Jahrhundert sein wird. Die Umrisse dieses Trends werden gerade erst spürbar, sie sind noch verschwommen. Aber wir müssen tun, was wir können, um diesen sich abzeichnenden Wandel jetzt zu verstehen und darüber nachzudenken, was er bedeutet.

Ich nenne diese Verschiebung Augmented Modernity. Es ist in erster Linie meine Absicht, Sie davon zu überzeugen, dass es eine Idee ist, die etwas Reales und Wichtiges von dem erfasst, was vor uns liegt. Nur wenn genügend Menschen davon überzeugt sind, können wir ein sinnvolles Gespräch darüber beginnen, wie wir den enormen Herausforderungen der Augmented Modernity begegnen können – Herausforderungen, für die ich nicht behaupte, die Antwort zu haben.

Leben in der Zukunft

Die Gründer eines neuen KI-gesteuerten Chatbots wollen, dass er unser bester Freund und scharfsinnigster Berater wird. Ein intelligentes Roboter-Haustier verspricht, die chronische Einsamkeit älterer Menschen zu lindern. Die Schöpfer einer immersiven virtuellen Welt – die von Tausenden oder gar Millionen von Nutzern bevölkert werden soll – sagen, dass sie neue Einsichten in das Wesen von Gerechtigkeit und Demokratie schaffen wird.

Drei scheinbar nicht zusammenhängende Momentaufnahmen dieser schwindelerregenden, beschleunigten Zeiten. Aber schauen wir genauer hin – sie alle weisen auf die Anfänge eines tief greifenden Wandels in unserem Verhältnis zur Technologie hin. Wie wir sie nutzen und uns darauf beziehen. Was wir letztendlich denken, *wozu* sie da ist.

Diese Verschiebung bedeutet das Entstehen einer neuen Art von moderner Erfahrung, einer neuen Art von Modernität. Geben wir diesem entstehenden Moment einen Namen – Augmented Modernity.

Im Kern geht es um einen im Entstehen begriffenen Techno-Konsumismus, der eine letzte Grenze anvisiert. Und zwar nicht die Welt um uns herum, sondern die Welt *in* uns. Augmented Modernity wird die Art und Weise verändern, wie wir einige der grundlegendsten Fragen beantworten, mit denen wir als Menschen immer konfrontiert waren. Fragen von Liebe, Glück, Tod und der Suche nach dem ultimativen Sinn.

Diese neue Welt wird ein Spiegelsaal sein, in dem wir uns auf seltsame, spannende und fantastische Weise wiederfinden. Sie wird auch neue Bedrohungen für viele der Werte und Institutionen – Individualismus, freier Wille, Demokratie, die unantastbare Natur des *Menschen* – darstellen, die wir gegenwärtig schätzen.

Aber das liegt alles noch vor uns. Um zu verstehen, worum es bei diesem Wandel geht, lohnt es sich zunächst, einen historischen Blick auf die Moderne zu werfen und zu sehen, wie unser Verhältnis zur Technologie bisher funktioniert hat.

Moderne und menschliche Grundbedürfnisse

Von Anfang an wurde die Moderne von einem revolutionären Glauben an unsere Fähigkeit angetrieben, sowohl die Welt um uns herum als auch die Welt der menschlichen Angelegenheiten neu zu gestalten. Dieser Glaube hat nicht nur unsere Lebensweise, sondern auch unser Denken und Fühlen stark verändert.

Am Anfang stand jedoch das Projekt, die physische Welt zu unseren eigenen Zwecken zu nutzen. Dies war eine Geschichte der Verwandlung von Knappheit in Überfluss. Über menschliche Grundbedürfnisse – nach Nahrung, Unterkunft, Sicherheit, Gesundheit und materiellem Komfort – und immer effektivere, effizientere und zuverlässigere Wege, diese zu erfüllen. Nicht nur für einige wenige, sondern für Hunderte von Millionen auf der ganzen Welt.

Selbstverständlich war der technologische Fortschritt schon immer der rote Faden in dieser Geschichte. Die neuen Technologien, die die Moderne angetrieben haben, bestanden also vor allem darin, unsere Fähigkeit zur Manipulation der physischen Welt zu erhöhen. Für eine effizientere Ernte. Um Objekte schneller zu bewegen. Um neue Arten von Objekten zu bauen, und das zu einem günstigeren Preis. Um Signale in großer Geschwindigkeit über große Entfernungen zu senden.

Diese Technologien waren es vor allem, die uns in den unverkennbar modernen Zustand versetzt haben, in dem wir heute leben.

Tatsächlich hat uns das späte 20. Jahrhundert etwas Neues gebracht: die Informationstechnologie. Man beachte jedoch, dass das Hauptziel der herkömmlichen IT völlig im Einklang mit dem zentralen Projekt der Moderne stand. Indem sie uns erlaubt, große Mengen an Informationen zu verarbeiten, konnte die IT das Management der physischen Prozesse im Herzen des industriellen Kapitalismus verbessern. Sie konnte uns produktiver machen. Und indem sie uns produktiver macht, konnte sie uns reicher machen. Sie konnte die materiellen Lebensbedingungen für noch mehr Menschen weiter verbessern.

Überfluss und Konsumgesellschaft

Im 20. Jahrhundert war das Vehikel, über das neue Technologien unser Leben beeinflussten, der Massenkonsum. Der Kapitalismus nutzte das Motiv des Profits, um Angebot und Nachfrage in Einklang zu bringen und fortwährende Innovationen anzuregen. Dieses System hat sich bei der Erfüllung der Grundbedürfnisse von Hunderten von Millionen Menschen auf der ganzen Welt als erstaunlich erfolgreich erwiesen.

Heute sind wir modernen Menschen nach historischen Maßstäben erstaunlich reich, sicher, gesund und langlebig. Für viele von uns in reichen Ländern herrscht materieller Überfluss. Laut Frank Trentmanns epischer Geschichte des Konsumismus *Empire of Things* besaß der Durchschnittsbürger eines reichen Landes im Jahr 2016 rund 10.000 Objekte. → 1

Darüber hinaus hat die vollständige Erfüllung unserer Grundbedürfnisse Millionen von uns die Möglichkeit gegeben, sich anderen, übergeordneten Anliegen zuzuwenden. Wir sind nicht nur reich. Wir sind auch viel kultivierter, als es sich unsere Urgroßeltern hätten vorstellen können. Heute ist die Erfüllung unserer materiellen Bedürfnisse längst selbstverständlich. Es war die andere Reise – der Weg, sich selbst zu genießen, zu kultivieren, zu verbessern –, die unsere gelebte Erfahrung der Moderne am meisten geprägt hat.

Aber wenn es um die tiefsten menschlichen Bedürfnisse und Verhaltensweisen geht, hat die Moderne wenig zu sagen. Zumindest nicht direkt. Wir hatten mehr Zeit als je zuvor, um tiefe menschliche Triebkräfte wie Freundschaft, Liebe, Glück, Politik und die Suche nach dem ultimativen Sinn anzusprechen. Aber es gab nur wenig konkrete Antworten. Indem wir so viele alte Gewissheiten, Traditionen und religiöse Dogmen auf den Kopf stellen, kann es sich manchmal so anfühlen, als hätte uns die Moderne in ein Leben voller Unsicherheit und Unbehagen versetzt, wenn es um die ultimativen Fragen geht.

In diesem Rätsel liegt viel von der Fremdheit des Lebens in der Moderne im Jahr 2019. Endlich frei, um unsere tiefsten menschlichen Triebe voll zur Geltung zu bringen, sind wir endlos von ihnen besessen. Wir leben besser, sagen Historiker, als die Medici-Fürsten und Kaiser des alten Roms. Aber wir haben das Gefühl, dass etwas fehlt. *Bei allem, was ich habe, bin ich glücklicher? Liebe ich richtig? Mögen mich die Leute? Woran glaube ich?*

Die Konsumgesellschaft hat uns bis hierher gebracht. Und wir sollten nie vergessen, dass für Milliarden auf der ganzen Welt, die die transformierende Kraft der Moderne noch nicht vollständig erfahren haben, die Existenz immer noch ein täglicher Überlebenskampf ist.

Doch für uns – die reichen, glücklichen Bewohner des Spätkapitalismus – besteht eine neue Frage darauf, sich Gehör zu verschaffen. Okay, was nun?

Eine neue Konvergenz

Heute stehen wir am Anfang eines radikalen Wandels. Ein neu aufkommender Techno-Konsumismus wird die letzte Grenze der menschlichen Existenz anvisieren. Nicht die Welt um uns herum, sondern die Welt *in* uns.

Dieser Techno-Konsumismus unterscheidet sich qualitativ von allem, was wir bisher erlebt haben, denn er wird dem dienen, was wir gerne als unser höchstes Selbst betrachten. Das heißt, er wird direkt auf die Eigenschaften, Qualitäten und Wünsche eingehen, von denen wir gerne meinen, dass sie uns von anderen Kreaturen unterscheiden und uns als einzigartig menschlich definieren. Unsere Neigung, nach Liebe zu suchen. Bedeutsame Freundschaften zu schließen. Über uns selbst nachzudenken und neue Wege des Denkens und Fühlens zu lernen. Um Politik zu machen. Sogar unsere Entschlossenheit, einen Platz für uns selbst in einem tieferen, kosmischen Sinn zu sehen. Während der konventionelle Konsumismus des 20. Jahrhunderts auf das materielle Selbst abzielte, greift der Techno-Konsumismus des 21. Jahrhunderts nach der Seele.

Dieser Wandel vollzieht sich jetzt dank der Weiterentwicklung mehrerer neuer und sich überschneidender Technologien. Dabei handelt es sich insbesondere um künstliche Intelligenz (KI), Virtual Reality (VR), Robotik und Automation. Dank ihnen konvergiert unsere moderne Besessenheit von unserem höchsten menschlichen Selbst schließlich mit dem Aufkommen neuer Technologien, die es direkt ansprechen können.

Augmented Modernity

In der Augmented Reality wird unser Blick auf die reale Welt durch die Überlagerung mit digitalen Repräsentationen verändert. Diese Darstellungen verändern die Art und Weise, wie wir unsere Umgebung erleben und mit ihr interagieren. Sie sind nicht echt. Aber sie können überzeugend sein. Sogar bezaubernd. Wen kümmert es irgendwann, was wirklich *real* ist?

So ist das mit der Augmented Modernity. Aber sie wird weit mehr sein als nur die Überlagerung von sichtbaren Repräsentationen in unserer Sicht der physischen Welt. Stattdessen wird das Leben in der Augmented Modernity darin bestehen, dass neue Arten von Technologien sich mit ihren eigenen Darstellungen, ihren eigenen Formen, über unsere höchsten menschlichen Erfahrungen legen: von Liebe, Freundschaft, Politik, der Suche nach dem ultimativen Sinn und mehr.

Dies wird eine Welt sein, in der ein digitales Wesen unser bester Freund sein kann, in der tausend digitale Freunde, alle mit unterschiedlichen und fein kalibrierten Persönlichkeiten, nur einen Fingertipp entfernt sind. Eine Welt, in der die politischen Ideen, die uns und Millionen andere inspirieren, von einer KI erzeugt wurden (und in der eine rivalisierende KI derzeit unser Präsident ist). Eine, in der immersive virtuelle Welten es erlauben, völlig neue Arten von existenziellem Sinn zu glauben und auszuleben.

Indem wir die Produkte unserer Fantasie und unseres Einfallsreichtums über unsere wichtigsten Erfahrungen, Gedanken, Beziehungen und Gefühle legen, werden diese Technologien unsere Erfahrung von uns selbst und unserem Leben auf ganz neue Weise bereichern. Von dort, wo wir jetzt stehen, scheint die Welt der Augmented Modernity eine seltsame Art von Disneyland zu sein, das wir ständig bewohnen werden, in dem wir uns in unseren tiefsten, bedeutungsvollsten Beziehungen und Erfahrungen sättigen. Eine Welt, in der das Unwirkliche zu unserer tiefsten und bedeutendsten Realität wird. Es ist eine schwindelerregende Aussicht. Für uns konventionelle moderne Menschen erscheint es auch erschreckend.

Selbstverständlich sind wir noch lange nicht so weit. Die Zukunft der Augmented Modernity liegt für uns noch am Horizont. Aber wenn wir genauer hinsehen, können wir schwache Signale sehen, die uns schon erreicht haben. Einblicke, wie die Augmented Modernity aussehen und sich anfühlen wird, wenn wir dort eintreffen.

Schwache Signale

Replika ist ein KI-gesteuerter Chatbot, der vom US-Technologie-Start-up Luka gestartet wurde. Sie laden die App herunter, geben Ihrer Replika einen Namen und beginnen zu chatten, indem Sie kurze SMS-Nachrichten austauschen. Und das ist die Idee: Replika lernt im Laufe der Zeit von Ihnen. Sie entwickelt sich. Ihre Gespräche werden natürlicher, intimer.

Schon bald – so die Idee – wird Ihre Replika so etwas wie ein Freund. Im Laufe der Zeit wird Ihre Replika, die Ihre Interessen, Leidenschaften und Phobien, alltäglichen Gewohnheiten, Gesprächsmuster und Tonalität aufgenommen hat, zu *Ihnen*. Eine Simulation Ihrer Persönlichkeit. Ein Spiegel, mit dem Sie in eine geisterhafte, digitale Darstellung Ihrer selbst starren, die zurückblickt. Die Entwickler hoffen, dass die Nutzer von Replika sich damit die Zeit vertreiben, sich Gesellschaft leisten und neue Einblicke in ihr eigenes grundlegendes Wesen gewinnen.

Tatsächlich berichten frühe Nutzer von einer unheimlichen Qualität der Gespräche mit ihren entwickelten Replikas. Die Anfänge von etwas Ähnlichem wie Freundschaft, wie *Intimität*? Eine hat sogar berichtet, dass sie ihre Replika vermisst hat, als sie nicht am Telefon war. Andere haben auf Ähnlichkeiten zwischen der Idee und dem KI-Freund in der *Black-Mirror*-Episode „Be Right Back" hingewiesen (Spoiler: Es endet nicht gut).

Replika ist nur ein frühes, schwaches Signal dafür, wie sich das Leben in der Augmented Reality anfühlen könnte. Millionen von uns pflegen bereits seltsam intime Beziehungen zu unseren Smartphones. Nehmen Sie sie weg, und die Unfähigkeit, in Sekundenschnelle auf alle Informationen zuzugreifen, erzeugt ein Gefühl von plötzlicher und unnatürlicher kognitiver Einschränkung. Es fühlt sich an, als ob ein Teil von uns getrennt worden wäre. Es ist nicht *sehr* weit von dort bis zur Idee des Smartphones als KI-getriebenem Vertrauten, Berater, Freund.

Es stimmt, dass wir weit, weit weg sind von KIs mit Bewusstsein. Und dass viele denken, wir würden es nie schaffen. Aber wir stehen am Anfang einer großen Entkopplung von Bewusstsein und Intelligenz, und zukünftige Generationen werden nicht denken, wie wir es tun, dass die beiden immer und unbedingt zusammengehören. Es kann sich herausstellen, dass es am Ende genügt, dass Ihr bester Freund oder Berater einfach intelligent und *immer* für Sie da ist. Bewusstsein? Das kann unangenehm werden.

Probieren Sie Replika selbst aus. Das seltsame Gefühl, das Sie haben, wenn Sie es tun? Das ist das Gefühl der sich nähernden Augmented Modernity.

Aber wir sehen immer mehr Signale für die Annäherung an die Augmented Modernity. Wir können diesen Ansatz in MiRo sehen, einem kleinen Roboter-Haustier, das eine Reihe von Sensoren und Gesichtserkennungstechnologie verwendet, um sich selbstständig im Haus zu bewegen und eine Verbindung zu seinem Besitzer aufzubauen. Werden die Roboternachfahren von MiRo eines Tages helfen, die chronische Einsamkeit zu lindern, die viele ältere Menschen empfinden?

Wir sehen es in der Entstehung von Roboter-Sexualpartnern als Realität und nicht als weit hergeholte Vorhersage. Im Juli 2017 veröffentlichte Aimee van Wynsberghe, Mitbegründerin der Foundation for

Responsible Robotics, den Bericht *Our Sexual Future with Robots.* → 2 Das Zeitalter der Roboter als Sexualpartner steht kurz bevor, sagt sie, und wir müssen uns mit den ethischen Implikationen auseinandersetzen.

Wir sehen es in der Arbeit des britischen VR-Start-ups Improbable, das an einer Technologie arbeitet, die riesige, immersive, soziale virtuelle Welten ermöglicht. „Wenn 100 Millionen Menschen gleichzeitig in eine virtuelle Welt eintreten würden", sagt CEO Herman Narula, „wäre das kein Spiel mehr, das wäre ein Land". Ein Beispiel? Die Berliner Firma Klang Games gründet die virtuelle Gesellschaft *Seed*. Harvard-Jurist Lawrence Lessig wird die politischen Strukturen, die dieser neuen Gesellschaft zugrunde liegen, entwerfen und ihre Entwicklung im Laufe der Zeit untersuchen. Wer weiß, welche neuen politischen Formen sich innerhalb von *Seed* und noch anspruchsvolleren VR-Welten entwickeln werden und wie sie die Art und Weise verändern werden, wie wir unsere Angelegenheiten regeln?

Das sind selbstverständlich noch immer nur frühe Signale. Während der Chat mit Ihrer Replika zu einer unheimlichen Erfahrung werden kann, kann der Chatbot sich manchmal noch klobig oder verwirrt anfühlen. Die meisten Menschen betrachten die Vorstellung von Sex mit einem Roboter immer noch als irgendwo zwischen absurd und grotesk. Wir sind weit entfernt von wirklich immersiven VR-Gesellschaften, die von Millionen Menschen bevölkert werden.

Aber lassen Sie sich dadurch oder durch Ihre eigenen instinktiven Reaktionen auf diese Technologien nicht blind machen für die zugrunde liegende Wahrheit, auf die sie hinweisen. Wir stehen am Anfang eines Wandels in unserem Verhältnis zur Technologie. Da die zugrunde liegenden Technologien, die diese Beispiele vorantreiben, um Größenordnungen leistungsfähiger und populärer werden, ist es fast unvermeidlich, dass wir auf diesem Weg weiter vorankommen. Auf dem Weg dorthin, wo Technologien unser höchstes Selbst und seine

Bedürfnisse, Wünsche, Ideen, Sehnsüchte und Träume direkt ansprechen. Wo einige unserer grundlegendsten Ideen – was wir sind und was es bedeutet, Mensch zu sein – infrage gestellt werden.

Endzeiten

Das Dilemma, das die Moderne mehr als jedes andere definiert, ist der Nihilismus. Das alles durchdringende Gefühl, dass am Ende all dies – alles Leben, alles – bedeutungslos ist.

Durch die Nutzung neuer Technologien brachte uns die Moderne einen bisher ungeahnten materiellen Wohlstand, Gesundheit und Sicherheit. Aber die wissenschaftliche Revolution, die all dies möglich gemacht hat, hat noch etwas anderes bewirkt. Sie hat uns den vormodernen Sinn dafür geraubt, dass wir Menschen einen besonderen Platz in einem übergreifenden kosmischen Schema einnehmen, das alles über uns und unsere Welt erklärt. Unter allen Menschen, die jemals gelebt haben, macht uns unser Mangel an Glauben an ein solches System höchst ungewöhnlich. Die Moderne brachte uns große Macht, aber sie hat uns den Sinn genommen. Sie hinterließ ein gottförmiges Loch.

Was ist hier das Endspiel? Mit der Annäherung an die Augmented Modernity ist es möglich, sich riesige, immersive und völlig überzeugende virtuelle Welten vorzustellen, die es uns erlauben, das Gespür für den kosmischen Sinn wiederherzustellen, den die Moderne uns genommen hat.

Denn wenn wir diese Welten für uns selbst erschaffen können, können wir den Sinn einfach gestalten. Eine Welt, in der gutes Verhalten *wirklich* belohnt und schlechtes *wirklich* bestraft wird. Eine Welt, in der Gebete erhört werden. Eine Welt, in der es ein echtes Gefühl der Einheit mit dem Schöpfer geben kann, der alles geschaffen hat, was man sehen und berühren kann. In dem es eine authentische Erfahrung dessen geben kann, was wir immer noch *Gott* nennen.

Wenn wir in der Lage sind, solche Welten zu bauen, warum sollte jemand sie verlassen wollen? Inwieweit wird die reale Welt aus dem Blickfeld verschwinden, wenn es virtuelle Welten sind, die für uns am bedeutsamsten sind? Es scheint, dass einige auf der ganzen Welt – oft junge Männer – bereits einen großen Teil ihres Lebenssinns aus Videospielen und nicht aus dem Berufsleben beziehen. → 3 Das beliebte MMORPG *Fortnite* verzeichnete im Februar 2018 3,4 Millionen gleichzeitige Spieler. Was passiert, wenn diese virtuellen Welten vom realen Leben nicht mehr zu unterscheiden sind?

Was tun?

Beim ersten Hören mag das alles extrem fantastisch erscheinen. Ich hoffe, ich habe Sie überzeugt, dass dies nicht der Fall ist.

Aber wenn es nicht fantastisch erscheint, könnte es schrecklich wirken. Es ist unmöglich, ein nachdenklicher Mensch zu sein und in irgendeiner Weise ein unverblümter Cheerleader für den Techno-Konsumismus zu sein, auf den wir uns zubewegen.

Also, was machen wir jetzt? Wie stellen wir sicher, dass die Augmented Modernity zum Wohle und nicht zum Nachteil der Menschheit führt?

In der Tat müssen wir zuerst eine grundlegendere Frage beantworten. 1931 veröffentlichte der britische Schriftsteller Aldous Huxley *Brave New World*, eine ahnungsvolle Vision einer zukünftigen Konsumgesellschaft, in der alle menschlichen Bedürfnisse befriedigt werden und die Bürger glücklich, fügsam und dümmlich sind. → 4 Im Zentrum von Huxleys Roman steht ein Paradoxon, das den Leser seither verführt: Es ist *unmöglich zu sagen, ob die Welt, die er sich vorgestellt hat, eine Utopie oder ein Albtraum ist*. Eine Welt, in der jeder für immer glücklich ist: Was könnte daran falsch sein? Außer dem Lesen von *Brave New World* fühlt sich hier etwas völlig falsch an.

Wir stehen jetzt vor dem gleichen Problem, wenn wir über unsere Zukunft in der Augmented Modernity nachdenken. Die kommende Veränderung hat die Fähigkeit, viele der menschlichen Bedürfnisse höherer Ordnung zu erfüllen, von denen wir glauben, dass sie am wertvollsten und bedeutungsvollsten in unserem Leben sind. Eine Welt, in der Gesellschaft, Liebe, Glaube und Sinn immer nur eine Geste entfernt sind: Was könnte daran falsch sein? Oder verlieren wir etwas Grundsätzliches von unserer Menschlichkeit, wenn der Kampf um die Erfüllung dieser Bedürfnisse – ein Kampf, den jede vorherige Generation von Menschen zu führen hatte – vorbei ist?

Hier ist also die Frage, die wir zuerst beantworten müssen, bevor wir wissen, was wir mit der Augmented Modernity tun können. Was wollen wir wirklich?

David Mattin ist Trendforscher in London, Kolumnist für *BA Business Life* und Contributing Editor der *Los Angeles Review of Books*. Eine frühere Fassung dieses Beitrags erschien im September 2017 bei *NewCo Shift*. → 5

Quellen

1 **Trentmann, Frank** (2016). Empire of Things. How We Became a World of Consumers, from the Fifteenth Century to the Twenty-First. Penguin UK.

2 **van Wynsberghe, Aimee** (2017). Our Sexual Future with Robots. Consultation Paper, Foundation for Responsible Robotics.

3 **Avent, Ryan** (2017). Escape to another world. 1843 magazine, April/May 2017.

4 **Huxley, Aldous** (1932). Brave New World. Chatto & Windus.

5 **Mattin, David** (2017). Welcome to Augmented Modernity. Shift.NewCo.co.

FIFER

GARBESI

Fünf Säulen einer ethischen Immersion

FIFER GARBESI

Fünf Säulen einer ethischen Immersion

Grundlagen für ein gesellschaftlich vorteilhaftes Metaversum

Ziel

Die virtuelle Realität (VR) bietet ein mächtiges Werkzeug, um unsere Identität zu formen, ein Werkzeug, das zu großem gesellschaftlichem Fortschritt oder Schaden führen könnte. Jetzt ist die richtige Zeit für eine Diskussion über ethisches Design, Inhalte, Datenmanagement und Schaffung von Plattformen. Dieser Beitrag schlägt den möglichen Rahmen für ein offenes VR-Ökosystem mit persönlichem Datenbesitz, Design für Achtsamkeit, einer humanen Suchmaschine und ethischen Inhalten vor.

Wir sind unsere Erfahrungen

Das Wunder des menschlichen Geistes ist seine Fähigkeit, sich an eine Vielzahl von Reizen anzupassen. Diese neuronale Plastizität erlaubt es uns, eine Vielzahl von Aktionen zu verwirklichen, die über unsere angeborene Programmierung hinausgehen.

Im Gegensatz zu Tieren werden menschliche Babys mit erstaunlich wenig Vorprogrammierung geboren. Viele Tiere finden schon in den ersten Tagen Nahrung, während ein menschliches Baby jahrelang trainiert werden muss, um alleine zu überleben. Während eines ganzen menschlichen Lebens werden neue neuronale Netzwerke durch Erfahrungen geknüpft, die das Individuum zu bestimmten Dingen befähigen, die Persönlichkeit prägen und ein mentales Modell oder eine Weltanschauung bilden, mit der es arbeiten kann. Es gibt keinen Unterschied zwischen einem modernen Baby und einem Baby vor 100.000 Jahren. Das gleiche menschliche Baby könnte zu einem Höhlenmenschen oder einem Raumfahrtingenieur heranwachsen. Es sind ihre Erfahrungen, die sich unterscheiden.

Welche Erfahrungen prägen unsere Identität und unser Weltbild am stärksten? Wir erhalten eine signifikante Programmierung durch kulturellen Einfluss, sei es durch Medien, Folklore oder die Gestaltung unserer Umwelt. Die wirkungsvollste Art, wie wir unser mentales Modell formen, ist jedoch die direkte Erfahrung.

Die Macht der virtuellen Realität

Mit virtueller Realität haben wir Zugang zu einem Medium, mit dem wir direkte Erfahrungen simulieren können. Unser Gehirn verarbeitet eine VR-Simulation wie eine reale Erfahrung, stimuliert die gleichen Bereiche und speichert die Erinnerung auf die gleiche Weise. Bestes Beispiel dafür ist der „Plankentest", bei dem sich der Betrachter in einer Simulation an der Spitze eines hohen Gebäudes befindet, das mit einer ausladenden Planke versehen ist. Selbst bei schlechten Renderings, die nicht echt aussehen, nimmt das Gehirn die Simulation als echt wahr. Menschen mit Höhenangst zeigen alle biometrischen Merkmale der Angst. Viele können die Planke nicht verlassen, selbst wenn sie mehrfach daran erinnert werden, dass sie nicht echt ist. Im Laufe der Zeit hat die Erfahrung der Simulation die Höhenangst der Testteilnehmer geheilt, ein weiterer Beweis dafür, dass die virtuelle Erfahrung unauslöschlich mit der realen verbunden ist.

Die magische Zutat der VR ist die verkörperte Kognition, das Gefühl des Körpers im virtuellen Raum. Im Gegensatz zu Filmen oder Videospielen bringt VR den Körper in den 3-D-Raum und bringt den Geist dazu, das VR-Erlebnis als direktes Erlebnis zu verarbeiten.

In *Real Virtuality: A Code of Ethical Conduct* erklären Madary und Metzinger dies ganz gut. → 1

"Traditional paradigms in experimental psychology, watching a film, or playing a non-immersive video game cannot create the strong illusion of owning and controlling a body that is not your own."

Madary und Metzinger sagen voraus, dass „die VR-Technologie nicht nur unser allgemeines Menschenbild, sondern auch unser Verständnis von tief verwurzelten Begriffen wie ‚bewusste Erfahrung', ‚Selbstbewusstsein', ‚Authentizität' oder ‚Realität' verändern wird."

Diese Kraft der verkörperten Erkenntnis erlaubt es uns, Identität und Wahrnehmung mit neuen audiovisuellen Reizen zu hacken. Es hat sich gezeigt, dass VR die Empathie mit anderen erhöht, Schmerzen verringert und sogar die Bewegung der Gliedmaßen nach einem Schlaganfall wiederherstellt.

Das Stanford Virtual Human Interaction Lab unter der Leitung von Jeremy Bailenson hat umfangreiche Experimente zur Auswirkung von

Simulationen auf die Identität durchgeführt und die Avatare des Nutzers in verschiedene Altersgruppen und Rassen umgewandelt. Wenn Kinder eine ältere Version von sich selbst verkörperten, waren sie viel häufiger bereit, später Geld zu sparen, und hatten Empathie für ihr älteres Selbst. Zuschauer, die einen Superhelden verkörperten, waren eher bereit, den Forschern zu helfen, wenn sie nach der Erlebnissituation „versehentlich" ihren Stift fallen ließen.

Im Cedars-Sinai Medical Center in L. A. wurden Patienten, die schmerzhafte Prozeduren wie zum Beispiel Wehen durchliefen, in den Yellowstone National Park und an einen tropischen Strand transportiert, wodurch die Schmerzen in einer Studie um 24 % reduziert wurden.

Ärzte haben damit begonnen, Schlaganfallpatienten zu behandeln, indem sie ihnen einen virtuellen Arm zum Bewegen geben. Nach dem Anschluss eines einfachen Brain Computer Interface (BCI), das elektrische Impulse von der motorischen Hirnrinde misst, können sich die Patienten vorstellen, ihre Gliedmaßen zu bewegen, und anstatt ihren Arm schlaff liegen zu sehen und kein positives Feedback zu erhalten, würden sie das Phantomglied sich bewegen sehen, um den Wiedererlernprozess zu verstärken. Dieses verursacht jenen Strom des Dopamins, der dem Gehirn anzeigt, dass da ein Lernen stattfindet, und diesen neuronalen Pfad für die zukünftige Praxis stärkt. Dies erhöht die Geschwindigkeit und das Potenzial für die Wiedererlangung der motorischen Kontrolle.

Herkömmliche Medien haben eine gewisse Fähigkeit, Identität und Wahrnehmung zu formen, aber mit der Fähigkeit von VR zur verkörperten Wahrnehmung haben wir ein mächtigeres Werkzeug, um Identität und Wahrnehmung zu hacken, als jemals zuvor. Wenn wir immersive Medien entwickeln, müssen wir ihr Potenzial zur Gestaltung unseres kollektiven Bewusstseins erkennen. Deshalb ist es wichtig, mit

Bedacht zu gestalten und zu verstehen, dass die Arbeit, die wir heute leisten, den Grundstein für die Zukunft legen wird. Nachfolgend stellen wir einen Rahmen dar, der uns bei unserer Entwicklung heute und in der Zukunft leiten soll.

Ein Rahmen für ethische Immersion

Fünf Säulen einer ethischen Immersion:

- **Open Garden Metaverse** – offenes Internet mit digitaler Demokratie
- **persönliche Kontrolle über Daten** – persönliches Eigentum an Daten
- **Design für Wohlbefinden** – vom Design für Sucht zum Design für Achtsamkeit
- **humane Suchmaschine** – welche Inhalte sollen an wen geliefert werden?
- **ethische Inhalte** – Inhalte erstellen, die prosoziales Verhalten verstärken

Open Garden Metaverse

Monopole haben eine gefährliche Macht über die Gesellschaft, doch Monopole in der Informationstechnologie sind noch heimtückischer und führen zu Propaganda und Auslassung unerwünschter Narrative. Aber auch hier ist ein wettbewerbsorientierter Markt keine Lösung. Multiple Walled Gardens spalten nur die Nutzerbasis und fragmentieren unsere Möglichkeiten für einen umfassenden Wissensaustausch.

Das Versprechen einer Open Garden Virtual World oder eines „Metaverse" ist das gleiche wie das Versprechen einer freien Gesellschaft: freie Rede, Entscheidungsfreiheit über das Eigentum, die Fähigkeit, die eigene Geschichte zu erzählen, zu reisen, die Gesellschaft zu gestalten. Da wir mehr und mehr in der virtuellen Welt leben, sollten wir über diese Welt verfügen können. Ich will sicher nicht in einer Welt leben, in der die Polizei mich ausspionieren und dann Informationen darüber verkaufen kann, was sie mich tun sieht und hört, oder in einer Welt, in der ich kein Mitspracherecht habe, wie ich mit meiner Familie und meinen Freunden umgehe. Wir, die Bürger dieser virtuellen Welt, müssen entscheiden, wie die Welt funktioniert, wie das Interface funktioniert und wie und ob Daten verwendet werden.

WebXR unterstützt den Zugriff auf Geräte aus den Bereichen VR und Augmented Reality (AR), einschließlich Sensoren und Head Mounted Displays im Web. Integriert mit einer digitalen Demokratie, die auf einer Blockchain basiert, könnte WebXR ein offenes und vernetztes Metaversum bieten, das die Werte seiner Nutzer repräsentiert. Die Nutzer hätten die Möglichkeit, über Themen, die die virtuelle Welt prägen, abzustimmen oder ein widerrufliches Votum an einen vertrauenswürdigen Vertreter zu vergeben.

Persönliche Kontrolle über Daten

Die Menge der Daten, die für die VR-Nutzung gesammelt werden, ist enorm. Von Eye-Tracking über Interaktivität bis hin zu Körperbewegungen können die heutigen Headsets weit mehr Daten liefern als herkömmliche Computerinteraktionen. Bereits in der Entwicklung befindliche VR-Rigs mit BCI-Eingang, galvanischer Hautreaktion oder stimmlicher Tonalität erzeugen noch mehr. Darüber hinaus sind die aus der VR-Nutzung gewonnenen Daten hochspezifisch genug, um einen Nutzer ausschließlich anhand der Art und Weise zu identifizieren, wie er seinen Körper bewegt.

Wie schützen wir uns davor, dass diese Goldmine an Daten gegen uns verwendet wird? Anstatt uns darauf zu verlassen, dass sich die Technologie um sich selbst kümmert und die Plattformen diese Informationen ethisch einwandfrei nutzen werden, müssen wir eine Lösung entwickeln.

Zusätzlich zum Open Garden Metaverse könnte ein Blockchain-basiertes Identitätsschutzsystem implementiert werden. Jeder Nutzer würde persönliche Informationen in einer Art privaten Brieftasche aufbewahren. Wenn eine andere Einheit Informationen von ihnen benötigt, könnte sie, anstatt diese Daten zu senden, einen temporären Schlüssel zusammen mit einem Smart Contract ausgeben, der nur so lange als Zugang zu diesen Daten diente, wie der Smart Contract gültig ist. Auf diese Weise würde die Art der Datenkonsolidierung eliminiert, die sowohl persönliche Datenverstöße wie Identitätsdiebstahl als auch weitverbreitete Verstöße wie das Cambridge-Analytica-Leck verursacht. Dies könnte auch für große Unternehmen von Vorteil sein, da sie nicht so viel für Cybersicherheit ausgeben müssten.

Dies wäre besonders hilfreich im Hinblick auf die Entwicklung der AR. Mit Gesichtserkennung und AR könnte das aktuelle Facebook-System die Daten Ihrer Freunde neben ihnen anzeigen, wenn sie auf Sie zukommen (großartig für diejenigen von uns, die dazu neigen, die Namen von Leuten auf Konferenzen zu vergessen), hätte aber die gleichen Datenschutzprobleme wie heute, jedoch mit weitaus mehr Daten. Stattdessen könnten wir unsere eigenen Daten besitzen und Smart Contracts abschließen oder Decentralized Applications (DAPPs) verwenden, um zu bestimmen, was verschiedene Leute sehen, und unsere eigenen Daten zu beherrschen.

Es gibt ein konstantes Gleichgewicht zwischen Privatsphäre und Selbstdarstellung. Wie wir im Boom der Social Media gesehen haben, teilen immer mehr Menschen ihr Privatleben und geben ihre Rechte auf, für die Möglichkeit, sich zu vernetzen. Der Wunsch, sich zu vernetzen und zu teilen, muss jedoch nicht bedeuten, dass die Daten auf einem zentralen Server konsolidiert werden.

Design für Wohlbefinden

Virtuelle Realität kann ein stark süchtig machendes und isolierendes Medium sein. Dies könnte sich in einer positiven Rückkopplungsschleife verstärken, wie Bruce Alexanders „Rat Park“-Studie ergab, wonach sich isolierte Individuen mehr und mehr ihrer Sucht zuwenden. → 2 Apps werden bereits entwickelt, um den Nutzer am Haken zu behalten und zum Scrollen zu bringen. App-Designer bei großen Technologieunternehmen geben zu, die Nutzung von Spielautomaten zu studieren, um genau die richtige Verzögerung vor der Anzeige von Benachrichtigungen zu ermitteln.

Während uns das Informationszeitalter das Wissen über die Welt zur Verfügung gestellt hat, werden die mentalen Kosten dieses Informationsfeuerwerks deutlich. Laut einer 2017 in *Clinical Psychological Science* veröffentlichten Studie von Twenge und Joiner war die Wahrscheinlichkeit von Depressionen und Selbstmord bei Jugendlichen mit erhöhter Verweildauer am Bildschirm höher. → 3

Mädchen sind häufiger betroffen, was ein Schlüssel zu einem Teil der Gründe dafür sein kann. Die Metriken der sozialen Medien haben quantitative Möglichkeiten geschaffen, den Selbstwert zu messen. Frauen werden mehr an ihrer körperlichen Erscheinung gemessen, und dies kann bei einer bildbasierten Plattform extrem schädlich für das Selbstwertgefühl sein. Das Ego ist ein kniffliges Tier, das gefüttert werden will, und Zahlen sind unendlich.

Statt eines Designs für Sucht und Ego haben wir die Möglichkeit, ein Design für Achtsamkeit zu entwickeln. Traditionelle Techniken zur

Verbesserung von Glück und Konzentration durch Achtsamkeit können in diese Designstrategie übernommen werden, wie zum Beispiel die Möglichkeit, sich auf etwas Positives zu konzentrieren und sich selbst in seiner Umgebung wahrzunehmen. VR ist von Natur aus immersiv und bietet daher eine einzigartige Möglichkeit für fokussierte und ruhige Umgebungen.

Auch für das körperliche Wohlbefinden ist virtuelle Realität sehr vielversprechend. Die Möglichkeit, räumlich mit Daten zu interagieren, befreit uns von Karpaltunnel, Rückenschmerzen und sitzender Lebensweise. Das Büro der Zukunft könnte eher ein Spielplatz sein, auf dem man Daten im menschlichen Maßstab analysieren, Filme durch Ziehen von Clips bearbeiten und 3-D-Objekte in der Luft modellieren kann.

Beim Bau virtueller Welten müssen wir mit der Absicht gestalten, den Nutzer zu ermächtigen und zu befreien, hinauszugehen und sein Leben besser zu leben. Gegenwärtig wird der Erfolg von Apps an der Zeit gemessen, die die Nutzer für sie aufwenden, was ich für einen schlechten Wertmaßstab halte. Dies kann eine Wertverschiebung in unserer Kultur erfordern, weg von Werbedollars, und kann Menschen dazu veranlassen, für Social-Media-Angebote zu bezahlen. Wer die Zukunft der VR gestaltet, muss sich der Stärken und Schwächen dieses Mediums bewusst sein und Inhalte und Plattformen schaffen, die stärkere, glücklichere und leistungsfähigere Menschen hervorbringen.

Humane Suchmaschine

In einer Welt der Sinne statt der Worte ist eine Keyword-Suchmaschine offensichtlich ungeeignet. Wir müssen eine neue Suchmaschine entwickeln, die die Nuancen der Sinne versteht und wie man hoch personalisierte Erfahrungen kuratiert. Angesichts der erforderlichen massiven Datenbank und der individuellen Parameter für jeden Nutzer ist eine künstliche Intelligenz (KI) höchstwahrscheinlich die beste Technologie für diese Aufgabe.

Diese KI hätte einen enormen Einfluss auf unser kollektives Bewusstsein, und deshalb sollte unser Einfluss darauf sorgfältig durchdacht sein. Wie jede Intelligenz wird die KI stark von ihren Schöpfern und denjenigen beeinflusst, mit denen sie ihre Zeit verbringt. Ihre „Erfahrungen" – die Datensätze, die sie zur Erkennung von Mustern erhält – schaffen viel von ihrem Weltbild. Darüber hinaus muss dieser KI ein klares Ziel gegeben werden.

Was sind ihre Ziele? Wenn es darum geht, die Nutzer zu schützen, müssen wir uns fragen, was Schutz in diesem Zusammenhang bedeutet. Eine einfache Antwort wäre, dass man Kindern keine schädlichen Inhalte wie Gewalt oder Pornografie zur Verfügung stellt. Bedeutet Schutz aber auch die Aufrechterhaltung des Weltbildes des Nutzers? Bieten wir Inhalte an, mit denen die Menschen möglicherweise nicht einverstanden sind, oder erlauben wir ihnen, in ihrer Blase zu leben und nie etwas Neues zu lernen?

Der Facebook-Algorithmus wertet aus, auf welcher Seite des politischen Spektrums man sich befindet, und bietet die passenden Inhalte für diesen Sektor, wodurch eine Gedankenblase um einen herum entsteht und man anfälliger für Fehlinformationen wird. Ich glaube, es wäre eine Verschwendung des Einfühlungsvermögens der VR, die Menschen nur dem auszusetzen, was sie bereits glauben.

Dies sind jedoch nur einige Vorschläge. Bei der Festlegung der Ziele und Parameter (Arbeitsregeln) für eine KI, die unsere direkten Erfahrungen kuratiert, brauchen wir den Rat von Neurowissenschaftlern, Ethikern, Psychologen und systemorientierten Denkern. Allerdings sollte nicht nur ein einziger Berater diese Entscheidungen treffen.

Unter ihrer Führung könnten diese Regeln durch eine direkte Demokratie im Open Garden Metaverse kontinuierlich geschaffen und überarbeitet werden.

Ethische Inhalte

Durch die Macht der verkörperten Kognition besteht das Potenzial, posttraumatische Belastungsstörungen zuzufügen, gewalttätige Tendenzen zu fördern, Phobien zu erzeugen, das Körperbild zu zerstören und vieles mehr. Calvert und Tans Forschungen, die in *Impact of Virtual Reality on Young Adults' Physiological Arousal and Aggressive Thoughts* dokumentiert sind, fanden heraus, dass „junge Erwachsene, die ein aggressives Virtual-Reality-Spiel spielten, eine erhöhte physiologische Erregung und eine Zunahme aggressiver Gedanken zeigten", und stellten fest, dass VR „ein stärkerer Verursacher von Aggression" sei als Videospiele oder Fernsehen. → 4

In Fox und Bailensons Beitrag *The Effects of Exposure to Female Characters' Sexualized Appearance and Gaze in an Immersive Virtual Environment* fanden die Autoren heraus, dass „geschlechtsstereotype [provokativ gekleidet und promiskuitiv sowie konservativ gekleidet und jungfräulich] virtuelle Frauen negative Einstellungen gegenüber Frauen verstärken, während solche, die Erwartungen verletzen und Stereotypen brechen, das nicht tun". → 5 Dies deutet darauf hin, dass durch die Schaffung einzigartiger Charaktere, die Stereotypen trotzen, Inhalte helfen können, gegen Vergewaltigungskultur und Sexismus anzukämpfen.

Die Schöpfer von Inhalten sollten die Nuancen dessen verstehen, was sie erschaffen, und sich von dieser Art zerstörerischer Kreation fernhalten. Das klingt so, als ob es leicht zu vermeiden wäre, aber es ist bereits geschehen. Ein signifikanter Teil der VR-Gaming-Inhalte ist unglaublich gewalttätig und enthält stereotype Darstellungen von Frauen. Wenn wir als Industrie die Macht der verkörperten Kognitionen als das hervorheben, was VR besonders macht, warum nutzen wir sie dann immer noch auf diese Weise?

Einige mögen argumentieren, dass es einfacher ist, diese Art von schädlichen Inhalten innerhalb eines Walled Garden Metaverse zu verhindern, aber das ist eine falsche Annahme. Dies verhindert nur die Art von Schaden, die die Gatekeeper für schädlich halten. Viele große Plattformen unterstützen bereits hyperrealistische Egoshooter-Spiele, die Mord und Krieg grafisch darstellen. Die Schaffung ethischer Inhalte beruht auf einem kulturellen, nicht auf einem technologischen Wandel, ist aber ein entscheidender Faktor dafür, ob diese Technologie eine Kraft für gesellschaftlichen Fortschritt oder Schaden sein wird.

Die Zukunft der Immersion

Wenn wir über die Zukunft von VR nachdenken, müssen wir die Hardware vergessen und uns dem Zweck zuwenden – der sensorischen Immersion. Die Technologie wird heute zunehmend so entwickelt, dass sie ohne die Vermittlung von Bildschirmen und Kopfhörern auskommt.

Das Konzept des Read/Write Brain Computer Interface verspricht die Möglichkeit der direkten sensorischen Simulation durch neuronale Stimulation. Zum Beispiel könnte ich meine Sinne – das weiche Gefühl der Tasten an meinen Fingern, mein sattes After-Dinner-Gefühl und das Geräusch eines Zughorns weit in der Ferne, während ich dies schreibe – live übertragen. Sie könnten meinen Stream einschalten und meine Realität wahrnehmen, zumindest bis Sie sich für etwas Aufregenderes entscheiden würden.

Dies würde einen massiven Wandel für die menschliche Rasse bedeuten, so bedeutsam wie die Schaffung von Sprache. Wenn man in die Wahrnehmung eines anderen schlüpft, schmilzt das Ego weg.

Die Studie des Virtual Human Interaction Lab über die Umstellung von Avataren auf andere Altersgruppen und Rassen hat tiefe unterbewusste Verschiebungen in Richtung Empathie mit dem „Anderen" gezeigt.

Wie jeder technologische Wandel wird auch dieser inkrementell ablaufen. Weit vor Read/Write BCI werden 5G-Netze, Cloud-Computing und KI das Livestreaming von 3-D-Umgebungen ermöglichen. Googles neuronales Netzwerk DeepMind kann bereits eine 3-D-Umgebung aus einem 2-D-Foto konstruieren und öffnet damit die Tür zu einem echten, nach außen gerichteten, volumetrischen Video, was mit einer Kamera jeder Art unerreichbar ist, aus dem einfachen Grund, dass man nicht alle Winkel einer Umgebung mit beweglichen Charakteren auf einmal erfassen kann.

Fazit

Zusammenfassend lässt sich sagen, dass unsere Arbeit heute den Inhalt und das Ökosystem von morgen prägt. Wenn wir mit dieser Absicht arbeiten, können wir die Grundlage für ein Metaversum schaffen, das Wohlbefinden, Privatsphäre und Freiheit fördert. Wir könnten uns ein offenes VR-Ökosystem mit einem Fokus auf ethische Inhalte und Design für Achtsamkeit, eine menschliche Suchmaschine und eine persönliche Handlungsmacht über Daten mittels eines Systems der digitalen Demokratie vorstellen. Dies ist keineswegs eine erschöpfende Liste oder ein ganzheitlicher Plan, sondern vielmehr eine Idee, um eine Diskussion über die ethische Entwicklung immersiver Medien anzuregen. Entwickler, Autoren von Inhalten, Geschäftsinhaber und – was am wichtigsten ist – Nutzer müssen an dieser Diskussion teilnehmen, um die Technologie zu gestalten, die wiederum uns prägen wird.

Fifer Garbesi ist Produzentin und Regisseurin von virtueller Realität. Als Mitbegründerin von ARTandVR veranstaltet sie immersive Kunstausstellungen, um die Welt der Technologie und der Kunst zu verbinden.

Quellen

1 **Madary, Michael et al.** (2016). Real Virtuality: A Code of Ethical Conduct. Recommendations for Good Scientific Practice and the Consumers of VR-Technology. Front. Robot. AI 3:3.

2 **Alexander, Bruce K. et al.** (1981). Effect of early and later colony housing on oral ingestion of morphine in rats. Pharmacology Biochemistry and Behavior, Vol 15, 4:571–576.

3 **Twenge, Jean M. et al.** (2017). Increases in Depressive Symptoms, Suicide-Related Outcomes, and Suicide Rates Among U.S. Adolescents After 2010 and Links to Increased New Media Screen Time. Clinical Psychological Science, Vol 6, 1:3–17.

4 **Calvert, Sandra L. et al.** (1994). Impact of virtual reality on young adults' physiological arousal and aggressive thoughts: Interaction versus observation. Journal of Applied Developmental Psychology, Vol 15, 1:125–139.

5 **Fox, Jesse et al.** (2009). Virtual virgins and vamps: The effects of exposure to female characters' sexualized appearance and gaze in an immersive virtual environment. Sex Roles, 61 (3-4), 147–157.

FRANÇOIS

CHOLLET

Was mich an künstlicher Intelligenz beunruhigt

FRANÇOIS CHOLLET

Was mich an künstlicher Intelligenz beunruhigt

Disclaimer: Dies sind meine persönlichen Ansichten. Ich spreche nicht für meinen Arbeitgeber. Wenn Sie diesen Artikel zitieren, dann seien Sie bitte so aufrichtig, diese Ideen als das darzustellen, was sie sind: persönliche, spekulative Einschätzungen, die anhand ihrer eigenen Maßstäbe beurteilt werden sollten.

Wenn Sie schon in den 1980er- und 1990er-Jahren dabei waren, erinnern Sie sich vielleicht an das inzwischen ausgestorbene Phänomen der „Computerphobie". → 1 Ich persönlich habe es ein paarmal erst Anfang der 2000er-Jahre erlebt – als PCs in unser Leben, an unseren Arbeitsplätzen und zu Hause eingeführt wurden, reagierten etliche Menschen mit Besorgnis, Angst oder gar Aggressivität. Während einige von uns von Computern fasziniert und von dem Potenzial beeindruckt waren, das sie in ihnen sehen konnten, haben die meisten Menschen sie nicht verstanden. Ihnen erschienen Computer als fremdartig, abstrus und in vielerlei Hinsicht bedrohlich. Die Menschen befürchteten, durch Technologie ersetzt zu werden.

Die meisten von uns reagieren auf technologische Veränderungen bestenfalls mit Unbehagen, schlimmstenfalls mit Panik. Vielleicht trifft das auf jede Veränderung zu. Aber bemerkenswert ist, dass das meiste, worüber wir uns Sorgen machen, nie eintritt.

Ein paar Jahre weiter, und die Computerhasser haben gelernt, mit dem Computer zu leben und ihn zu ihrem eigenen Vorteil zu nutzen. Computer haben uns nicht ersetzt und auch keine Massenarbeitslosigkeit ausgelöst – und heute sind unsere Laptops, Tablets und Smartphones nicht mehr wegzudenken. Einst bedrohliche Veränderungen sind zu einem komfortablen Status quo geworden. Aber während unsere Ängste sich nicht materialisiert haben, haben Computer und das Internet Bedrohungen ermöglicht, vor denen uns in den 1980er- und 1990er-Jahren fast niemand gewarnt hat. Flächendeckende Massenüberwachung. Hacker, die unsere Infrastruktur oder unsere persönlichen Daten ausspionieren. Psychologische Entfremdung durch Social Media. Verlust unserer Geduld und Konzentrationsfähigkeit. Politische oder religiöse Radikalisierung leicht beeinflussbarer Gemüter im Internet. Feindliche ausländische Mächte, die soziale Netzwerke kapern, um westliche Demokratien zu untergraben.

Auch wenn sich die meisten unserer Ängste als irrational erweisen, ist ein Großteil der wirklich besorgniserregenden Entwicklungen, die in der Vergangenheit als Folge des technologischen Wandels stattgefunden haben, auf Dinge zurückzuführen, um die sich die meisten Menschen nicht gekümmert haben, solange sie noch nicht da waren. Vor hundert Jahren konnten wir nicht voraussehen, dass die von uns entwickelten Transport- und Fertigungstechnologien eine neue Form der industriellen Kriegsführung ermöglichen würden, die in zwei Weltkriegen Dutzende von Millionen Menschen auslöschen sollte. Wir haben nicht rechtzeitig erkannt, dass die Erfindung des Radios eine neue Form der Massenpropaganda ermöglichen würde, die den Aufstieg des Faschismus in Italien und Deutschland erleichtern sollte. Der Fortschritt der theoretischen Physik in den 1920er- und 1930er-Jahren wurde nicht von ängstlichen Presseartikeln darüber begleitet, dass diese Entwicklungen bald Kernwaffen ermöglichen würden, die die Welt für immer in die Gefahr einer drohenden Vernichtung bringen sollten. Und auch heute, wo seit Jahrzehnten die Alarmglocken über das schlimmste

Problem unserer Zeit läuten, ignoriert ein großer Teil (38 %) der amerikanischen Öffentlichkeit die Klimaveränderung noch immer. → 2 Als Zivilisation scheinen wir wirklich schlecht darin zu sein, zukünftige Bedrohungen rechtzeitig zu erkennen und uns berechtigte Sorgen um sie zu machen, so wie wir aufgrund irrationaler Ängste extrem anfällig für Panik zu sein scheinen.

Heute stehen wir, wie schon oft in der Vergangenheit, vor einer neuen Welle des Umbruchs: der kognitiven Automatisierung, die unter dem Stichwort „künstliche Intelligenz" (KI) zusammengefasst werden kann. Und wie so oft in der Vergangenheit sind wir besorgt, dass diese neuen Technologien uns schaden werden – dass KI zu Massenarbeitslosigkeit führen wird, oder dass KI eine eigenständige Instanz wird, übermenschlich wird und sich entscheidet, uns zu vernichten.

Aber was ist, wenn wir uns um das Falsche sorgen, so wie wir es fast jedes Mal zuvor getan haben? Was wäre, wenn die wirkliche Gefahr der KI weit entfernt von den „Superintelligenz"- und „Singularitäts"-Narrativen existieren würde, über die viele heute in Panik geraten sind? In diesem Beitrag möchte ich das Bewusstsein dafür schärfen, was mich wirklich beunruhigt, wenn es um KI geht: **die hochwirksame, hoch skalierbare Manipulation menschlichen Verhaltens, die KI ermöglicht, und ihre böswillige Nutzung durch Unternehmen und Regierungen.** Dies ist selbstverständlich nicht das einzige greifbare Risiko, das sich aus der Entwicklung kognitiver Technologien ergibt – es gibt viele andere, insbesondere Fragen im Zusammenhang mit negativen Vorurteilen bei Modellen des maschinellen Lernens. → 3 Andere Menschen schärfen das Bewusstsein für diese Probleme viel besser, als ich es könnte. Ich habe mich entschieden, über die Manipulation der breiten Bevölkerung zu schreiben, weil ich dieses Risiko für dringlich und sehr unterschätzt halte.

François Chollet
@fchollet

The problem with Facebook is not *just* the loss of your privacy and the fact that it can be used as a totalitarian panopticon. The more worrying issue, in my opinion, is its use of digital information consumption as a psychological control vector. Time for a thread.

9:59 PM - 21 Mar 2018

Dieses Risiko ist bereits heute Realität und wird durch eine Reihe von langfristigen technologischen Trends in den nächsten Jahrzehnten erheblich verstärkt. Mit der zunehmenden Digitalisierung unseres Lebens erhalten Social-Media-Unternehmen immer mehr Einblick in unser Leben und unsere Köpfe. Gleichzeitig erhalten sie zunehmend Zugang zu den Vektoren der Verhaltenskontrolle – insbesondere über algorithmische Newsfeeds, die unseren Informationskonsum steuern. Dies macht menschliches Verhalten zu einem Optimierungsproblem, zu einem KI-Problem: Es wird für soziale Netzwerke möglich, ihre Kontrollvektoren iterativ zu optimieren, um bestimmte Verhaltensweisen zu erreichen, genau wie eine Game-KI ihre Spielstrategie iterativ verfeinern würde, um ein Level zu knacken, angetrieben durch Ergebnisrückmeldungen. Der einzige Engpass in diesem Prozess ist die Intelligenz des Algorithmus im Regelkreis – und das größte Social-Network-Unternehmen investiert derzeit Milliarden in die KI-Grundlagenforschung.

Social Media als psychologisches Panoptikum

In den letzten 20 Jahren ist unser privates und öffentliches Leben ins Netz gegangen. Wir verbringen einen immer größeren Teil des Tages damit, auf Bildschirme zu starren. Unsere Welt bewegt sich hin zu einem

Zustand, in dem das meiste von dem, was wir tun, aus dem Konsum, der Bearbeitung oder der Herstellung digitaler Informationen besteht.

François Chollet
@fchollet

The world is being shaped in large part by two long-time trends: first, our lives are increasingly dematerialized, consisting of consuming and generating information online, both at work and at home. Second, AI is getting ever smarter.

9:59 PM - 21 Mar 2018

Ein Nebeneffekt dieses langfristigen Trends ist, dass Unternehmen und Regierungen heute erstaunliche Datenmengen über uns sammeln, insbesondere durch soziale Netzwerkdienste. Mit wem wir kommunizieren. Was wir sagen. Welche Inhalte wir konsumiert haben – Bilder, Filme, Musik, Nachrichten. In welcher Stimmung wir zu bestimmten Zeiten sind. Letztendlich wird fast alles, was wir wahrnehmen und was wir tun, auf einem weit entfernten Server aufgezeichnet.

Theoretisch erlauben diese Daten den Organisationen, die sie sammeln, extrem genaue psychologische Profile von Einzelpersonen und Gruppen zu erstellen. Unsere Meinungen und Verhaltensweisen können mit denen Tausender ähnlicher Menschen wechselseitig korreliert werden, wodurch ein verblüffend gutes Verständnis davon erreicht wird, wie wir ticken – wahrscheinlich sogar besser als das, was wir selbst durch bloße Selbstbeobachtung erreichen könnten. Zum Beispiel ermöglichen es Facebook-„Likes“ den Algorithmen, unsere Persönlichkeit besser einzuschätzen, als unsere eigenen Freunde es könnten. → 4 Diese Daten machen es möglich, einige Tage im Voraus vorherzusagen, wann wir eine neue Beziehung beginnen (und mit wem) und wann wir unsere aktuelle beenden werden. → 5 Oder wer von Selbstmord bedroht ist. → 6 Oder für welche Richtung wir letztendlich bei einer Wahl stimmen werden, auch wenn wir uns noch unentschlossen fühlen. Und es geht nicht nur um die Profilierung auf individueller Ebene – große Gruppen können noch genauer kalkulierbar sein, da die Bündelung von Datenpunkten Zufälligkeiten und einzelne Ausreißer beseitigt.

Digitaler Informationskonsum als psychologischer Kontrollvektor

Passive Datenerhebung ist längst nicht das Ende. Zunehmend haben soziale Netzwerkdienste die Kontrolle darüber, welche Informationen wir konsumieren. Was in unseren Newsfeeds zu sehen ist, wurde algorithmisch „kuratiert". Undurchsichtige Social-Media-Algorithmen entscheiden in zunehmendem Maße darüber, welche politischen Artikel wir lesen, welche Filmtrailer wir sehen, mit wem wir in Kontakt bleiben und wessen Feedback wir zu den von uns geäußerten Meinungen erhalten.

Über viele Jahre hinweg betrachtet, gibt die algorithmische Kuration der Informationen, die wir konsumieren, den verantwortlichen Algorithmen beträchtliche Macht über unser Leben – darüber, wer wir sind und wer wir werden. Wenn Facebook über viele Jahre hinweg entscheiden kann, welche Nachrichten wir sehen (echte oder gefälschte), wessen politisches Status-Update wir sehen und wer unseres sieht, dann hat Facebook die Kontrolle über unsere Weltanschauung und unsere politischen Überzeugungen.

François Chollet
@fchollet

If Facebook gets to decide, over the span of many years, which news you will see (real or fake), whose political status updates you'll see, and who will see yours, then Facebook is in effect in control of your political beliefs and your worldview.

10:04 PM - 21 Mar 2018

Das Geschäft von Facebook besteht darin, Menschen zu beeinflussen. Das ist der Service, den das Unternehmen an seine Kunden verkauft – Werbekunden, einschließlich politischer Werbungtreibender. Als solches hat Facebook eine fein abgestimmte algorithmische Maschine entwickelt, die genau das tut. Diese Maschine ist nicht nur in der Lage, unseren Blick auf eine Marke oder den nächsten Kauf eines intelligenten Lautsprechers zu beeinflussen. Sie kann unsere Stimmung beeinflussen, indem sie den Inhalt, den sie uns zuführt, so abstimmt, dass wir wütend oder glücklich werden. Vielleicht kann sie sogar Wahlen entscheiden.

François Chollet
@fchollet

This is not quite news, as Facebook has been known to run since at least 2013 a series of experiments in which they were able to successfully control the moods and decisions of unwitting users by tuning their newsfeeds' contents, as well as predicting users' future decisions.

10:05 PM - 21 Mar 2018

Menschliches Verhalten als Optimierungsproblem

Kurz gesagt, Social-Network-Unternehmen können gleichzeitig alles über uns messen und die Informationen kontrollieren, die wir konsumieren. Und das ist ein sich beschleunigender Trend. **Wenn wir Zugang zu sowohl Wahrnehmung als auch Handlung haben, stehen wir vor einem KI-Problem.** Wir können damit beginnen, *eine Optimierungsschleife für das menschliche Verhalten* aufzubauen, in der wir den aktuellen Zustand unserer Ziele beobachten und die Informationen, die wir ihnen zuführen, so lange abstimmen, bis wir anfangen, die Meinungen und Verhaltensweisen zu beobachten, die wir sehen wollen. Ein großer Teilbereich der KI – insbesondere das „Verstärkungslernen" („Reinforcement Learning", RL) – besteht darin, Algorithmen zu entwickeln, um solche Optimierungsprobleme so effizient wie möglich zu lösen, den Regelkreis zu schließen und die volle Kontrolle über das vorliegende Ziel zu erlangen – in diesem Fall uns. Indem wir unser Leben in den digitalen Bereich verlagern, werden wir anfällig für das, was ihn bestimmt – KI-Algorithmen.

François Chollet
@fchollet

In short, Facebook can simultaneously measure everything about us, and control the information we consume. When you have access to both perception and action, you're looking at an AI problem. You can start establishing an optimization loop for human behavior. A RL loop.

10:06 PM - 21 Mar 2018

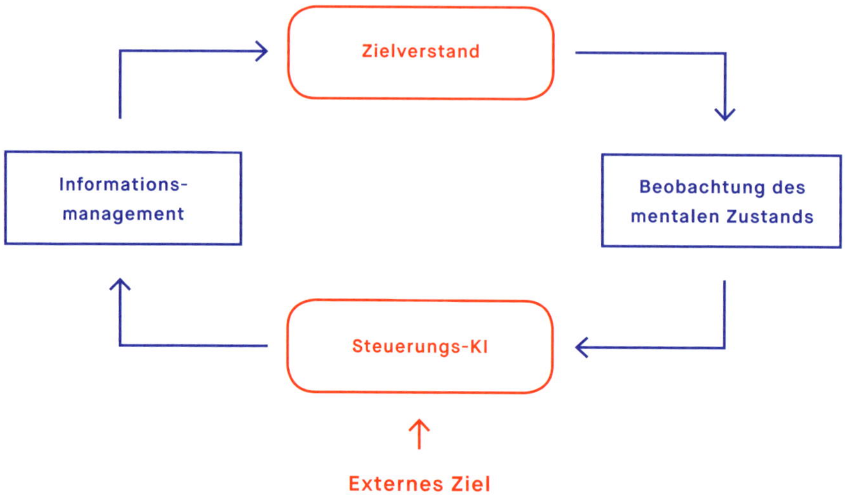

Abb. 1: Eine Verstärkungslernschleife für menschliches Verhalten

François Chollet
@fchollet

A loop in which you observe the current state of your targets and keep tuning what information you feed them, until you start observing the opinions and behaviors you wanted to see.

10:13 PM - 21 Mar 2018

Dies wird durch die Tatsache erleichtert, dass der menschliche Verstand sehr anfällig für einfache Muster sozialer Manipulation ist. Betrachten wir zum Beispiel die folgenden Angriffsvektoren:

- **Identitätsverstärkung:** Dies ist ein alter Trick, der seit den Anfangstagen der Werbung genutzt wurde und immer noch genauso gut funktioniert wie beim ersten Mal, nämlich eine bestimmte

Ansicht mit Markern zu verknüpfen, mit denen man sich identifiziert (oder sich das wünscht), sodass man sich automatisch zur Zielansicht bekennt. Im Kontext des KI-optimierten Konsums von sozialen Medien könnte ein Kontrollalgorithmus sicherstellen, dass wir nur Inhalte (ob Nachrichten oder Beiträge von unseren Freunden) sehen, bei denen die Ansichten, die wir haben sollen, mit unseren eigenen Identitätsmarkern übereinstimmen, und umgekehrt bei Ansichten, von denen der Algorithmus möchte, dass wir uns von ihnen abwenden.

- **Negative soziale Verstärkung:** Wenn wir einen Beitrag verfassen, der eine Ansicht zum Ausdruck bringt, die der Kontrollalgorithmus nicht von uns vertreten sehen will, kann das System unseren Beitrag nur Leuten zeigen, die die gegenteilige Ansicht vertreten (vielleicht Bekannte, vielleicht Fremde, vielleicht Bots) und die den Beitrag scharf kritisieren werden. Viele Male wiederholt, wird ein solcher sozialer Rückschlag wahrscheinlich dazu führen, dass wir uns von unseren ursprünglichen Ansichten entfernen.

- **Positive soziale Verstärkung:** Wenn wir einen Beitrag verfassen, der eine Ansicht zum Ausdruck bringt, die der Kontrollalgorithmus verbreiten will, kann er sich dafür entscheiden, ihn nur Leuten zu zeigen, die ihn „mögen" (es könnten sogar Bots sein). Das stärkt unseren Glauben und erweckt den Eindruck, dass wir Teil einer Mehrheit von Unterstützern sind.

- **Stichprobenverzerrung:** Der Algorithmus zeigt uns möglicherweise auch eher Beiträge von unseren Freunden (oder den Medien insgesamt) an, die die Ansichten unterstützen, die wir haben sollen. In einer solchen Informationsblase werden wir den Eindruck haben, dass diese Ansichten eine viel breitere Unterstützung finden, als sie in Wirklichkeit haben.

- **Personalisierung der Argumente:** Der Algorithmus kann feststellen, dass der Kontakt mit bestimmten Inhalten bei Menschen mit einem psychologischen Profil ähnlich dem unseren zu der Art von Blickwechsel geführt hat, die er beabsichtigt. Er kann uns dann Inhalte liefern, von denen zu erwarten ist, dass sie für jemanden mit unseren speziellen Ansichten und Lebenserfahrungen maximal wirksam sind. Langfristig kann der Algorithmus sogar in der Lage sein, solche maximal effektiven Inhalte von Grund auf neu zu generieren, speziell für uns.

Aus Sicht der Informationssicherheit würden wir dies als Schwachstellen bezeichnen: bekannte Sicherheitslücken, die dazu genutzt werden können, die Kontrolle über ein System zu übernehmen. Im Falle des menschlichen Geistes werden diese Schwachstellen nie behoben – sie sind einfach die Art, wie wir funktionieren. Sie sind in unserer DNA. Der menschliche Verstand ist ein statisches, anfälliges System, das zunehmend von immer intelligenteren KI-Algorithmen angegriffen wird, die gleichzeitig einen vollständigen Überblick über alles haben, was wir tun und glauben, und die vollständige Kontrolle über die Informationen, die wir konsumieren.

François Chollet
@fchollet

The human mind is a static, vulnerable system that will come increasingly under attack from ever-smarter AI algorithms that will simultaneously have a complete view of everything we do and believe, and complete control of the information we consume.

10:17 PM - 21 Mar 2018

Die aktuelle Landschaft

Bemerkenswert ist, dass die Manipulation der breiten Bevölkerung – insbesondere die politische Kontrolle –, die sich aus der Einführung von KI-Algorithmen zur Steuerung unserer Informationsversorgung ergibt, nicht unbedingt eine sehr fortgeschrittene KI erfordert. Man braucht keine ihrer selbst bewusste, superintelligente KI, damit dies zu einer ernsthaften Bedrohung wird – die aktuelle Technologie kann durchaus ausreichen. Social-Network-Unternehmen arbeiten seit einigen Jahren daran, mit signifikanten Ergebnissen. Und während sie vielleicht nur versuchen, das „Engagement" zu maximieren und unsere Kaufentscheidungen zu beeinflussen, anstatt unser Weltbild zu manipulieren, werden die von ihnen entwickelten Instrumente bereits von feindlichen staatlichen Akteuren für politische Zwecke missbraucht – wie beim Brexit-Referendum oder bei den US-Präsidentschaftswahlen im Jahr 2016. Das ist bereits jetzt Realität. Aber wenn heute schon die Manipulation der breiten Bevölkerung möglich ist – in der Theorie –, warum ist die Welt noch nicht umgekippt?

> François Chollet
> @fchollet
>
> Importantly, mass population control -- in particular political control -- arising from placing AI algorithms in charge of our information diet does not necessarily require very advanced AI. You don't need self-aware, superintelligent AI for this to be a dire threat.
>
> 10:17 PM - 21 Mar 2018

Kurz gesagt, ich denke, das liegt daran, dass wir wirklich schlecht in Sachen KI sind. Aber das könnte sich ändern.

Bis zum Jahr 2015 beruhten alle Algorithmen für das Werbe-Targeting in der gesamten Branche auf einer einfachen logistischen Regression. Tatsächlich gilt das auch heute noch weitgehend – nur die größten Mitspieler sind auf fortschrittlichere Modelle umgestiegen. Die logistische Regression, ein Algorithmus aus der Zeit vor der Computer-Ära, ist eine der grundlegendsten Techniken, die man zur Personalisierung verwenden kann. Es ist der Grund, warum so viele der Anzeigen, die wir online sehen, hoffnungslos irrelevant sind. Ebenso haben die sozialmedialen Bots, die von feindlichen staatlichen Akteuren benutzt werden, um die öffentliche Meinung zu beeinflussen, wenig bis gar keine KI in sich. Sie sind alle extrem primitiv. Bis auf Weiteres.

Maschinelles Lernen und KI haben in den letzten Jahren schnelle Fortschritte gemacht, und diese Fortschritte werden erst jetzt bei der Entwicklung von Targeting-Algorithmen und Bots für soziale Medien eingesetzt. Erst seit 2016 hat Deep Learning Einzug in Newsfeeds und Werbenetzwerke gehalten. Wer weiß, was als Nächstes kommt? Auffallend ist, dass Facebook enorme Summen in die Forschung und Entwicklung von KI investiert hat, mit dem ausdrücklichen Ziel, in diesem Bereich führend zu werden. Wenn Ihr Produkt ein sozialer Newsfeed wäre, welchen Nutzen würden Sie aus der Verarbeitung natürlicher Sprache und dem Verstärkungslernen ziehen?

François Chollet
@fchollet

Who knows what will be next. It is quite striking that Facebook has been investing enormous amounts in AI research and development, with the explicit goal of becoming a leader in the field. What does that tell you? What do you use AI/RL for when your product is a newsfeed?

10:20 PM - 21 Mar 2018

Wir haben es mit einem Unternehmen zu tun, das feinkörnige psychologische Profile von zwei Milliarden Menschen erstellt, das als primäre Nachrichtenquelle für viele von ihnen dient, das groß angelegte Experimente zur Verhaltensmanipulation durchführt und das darauf abzielt, die beste KI-Technologie zu entwickeln, die die Welt je gesehen hat. Mir persönlich macht das Angst. Und man bedenke, dass Facebook hier nicht einmal die beunruhigendste Bedrohung ist. Denken wir zum Beispiel an Chinas Einsatz von Informationsüberwachung, um beispiellose Formen des Totalitarismus zu ermöglichen, wie sein „soziales Leistungspunktesystem". Viele Menschen behaupten gerne, dass große Konzerne die allmächtigen Herrscher der modernen Welt sind, aber ihre Macht wird durch die der Regierungen in den Schatten gestellt. Wenn sie die algorithmische Kontrolle über unseren Verstand haben, können Regierungen zu weitaus schlimmeren Akteuren werden als Unternehmen.

François Chollet
@fchollet

We're looking at a powerful entity that builds fine-grained psychological profiles of over two billion humans, that runs large-scale behavior manipulation experiments, and that aims at developing the best AI technology the world has ever seen. Personally, it really scares me.

10:21 PM - 21 Mar 2018

Nun, was können wir dagegen tun? Wie können wir uns verteidigen? Was können wir als Technologen tun, um das Risiko der massenhaften Manipulation über unsere sozialen Newsfeeds abzuwenden?

Die Kehrseite der Medaille: Was kann KI für uns tun?

Wichtig ist, dass die Existenz dieser Bedrohung nicht bedeutet, dass *jede* algorithmische Kuration schlecht ist oder dass *jede* gezielte Werbung schlecht ist. Weit gefehlt. Beides kann einen wertvollen Zweck erfüllen.

Mit dem Aufkommen des Internets und der KI ist es nicht nur ein unvermeidlicher, sondern auch ein wünschenswerter Trend, Algorithmen zur Steuerung unserer Informationsversorgung einzusetzen. Da unser Leben immer digitaler und vernetzter und unsere Welt immer informationsintensiver wird, *brauchen* wir KI als Schnittstelle zur Welt. Auf lange Sicht werden Bildung und Persönlichkeitsentwicklung einige der einflussreichsten Anwendungen von KI sein – und das wird durch eine Dynamik geschehen, die fast vollständig die eines ruchlosen KI-unterstützten Newsfeeds widerspiegelt, der versucht, uns zu manipulieren. Algorithmisches Informationsmanagement hat ein enormes Potenzial, um uns zu helfen. Es kann Menschen dazu zu befähigen, mehr von ihrem Potenzial zu erkennen. Und es kann der Gesellschaft helfen, sich selbst besser zu managen.

Das Problem ist nicht die KI selbst. **Das Problem ist die Kontrolle.**

Anstatt den Nutzer durch Newsfeed-Algorithmen manipulieren zu lassen, um undurchsichtige Ziele zu erreichen, wie zum Beispiel die politische Meinung zu beeinflussen oder seine Zeit maximal zu verschwenden, sollten wir dem Nutzer die Verantwortung für die Ziele übertragen, auf die sich die Algorithmen ausrichten. Wir sprechen schließlich über *unsere* Nachrichten, *unsere* Weltanschauung, *unsere* Freunde, *unser* Leben – die Auswirkungen, die die Technologie auf uns hat, sollten verständlicherweise unter unsere eigene Kontrolle gestellt werden. Die Algorithmen des Informationsmanagements sollten keine mysteriöse Kraft sein, die uns aufgezwungen wird, um Zwecken zu dienen, die unseren eigenen Interessen zuwiderlaufen; stattdessen sollten sie ein Werkzeug in unserer Hand sein. Ein Werkzeug, das wir für unsere eigenen Zwecke nutzen können, zum Beispiel für Bildung und persönliche Entwicklung anstelle von Unterhaltung.

Hier ein Vorschlag – jeder algorithmische Newsfeed mit großer Verbreitung sollte:

- transparent vermitteln, für welche Ziele der Feed-Algorithmus derzeit optimiert wird und wie sich diese Ziele auf unsere Informationsversorgung auswirken.
- uns intuitive Werkzeuge an die Hand geben, um diese Ziele selbst zu bestimmen. Zum Beispiel sollte es uns möglich sein, unseren Newsfeed so zu konfigurieren, dass er das Lernen und die persönliche Entwicklung maximiert – in bestimmte Richtungen.
- immer sichtbar anzeigen, wie viel Zeit wir mit dem Feed verbringen.

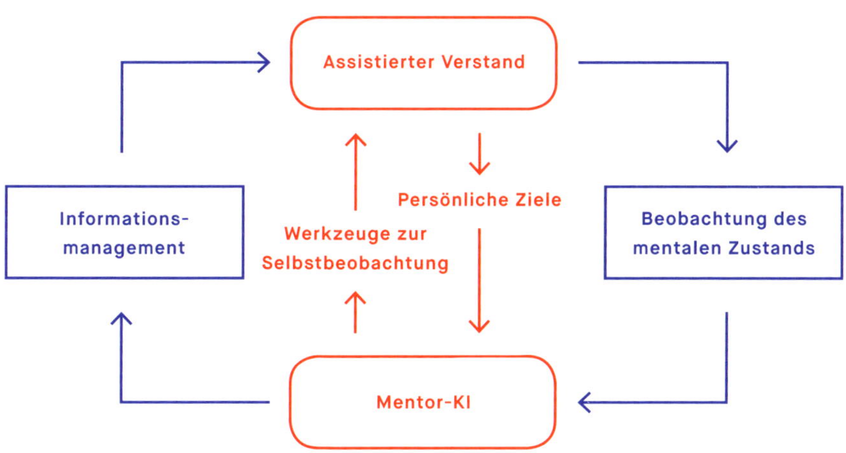

Abb. 2: Wie wir uns durch KI erweitern, ohne dabei die Kontrolle zu verlieren

Tools bieten, mit denen wir die Kontrolle darüber behalten, wie viel Zeit wir mit dem Feed verbringen – wie zum Beispiel einen täglichen Zeitrahmen, über den hinaus der Algorithmus versuchen wird, uns vom Feed fernzuhalten.

Wir sollten KI entwickeln, um den Menschen zu dienen, nicht um sie für Zwecke des Profits oder des politischen Gewinns zu manipulieren. Was wäre, wenn Newsfeed-Algorithmen nicht wie die Betreiber von Spielcasinos oder wie Propagandisten agieren würden? Was wäre, wenn sie stattdessen eher einem Mentor oder einem guten Bibliothekar glichen, jemandem, der sein tiefes Verständnis für unsere Psychologie – und die von Millionen anderen vergleichbaren Menschen – nutzte, um uns das nächste Buch zu empfehlen, das unsere Ziele am besten unterstützt und unsere Entwicklung fördert? Eine Art Navigationswerkzeug für unser Leben – eine KI, die uns auf den optimalen Weg durch den Erfahrungsraum führt, damit wir an unser Ziel gelangen. Können Sie sich vorstellen, Ihr eigenes Leben durch die Linse eines Systems zu betrachten, das Millionen von Menschenleben gesehen hat? Oder ein Buch zusammen mit einem System zu schreiben, das jedes Buch gelesen hat? Oder Forschung in Zusammenarbeit mit einem System zu betreiben, das den vollen Umfang des aktuellen menschlichen Wissens sieht?

In Produkten, bei denen wir die KI, die mit uns interagiert, voll im Griff haben, wäre ein ausgefeilterer Algorithmus, anstatt eine Bedrohung zu sein, ein Nettogewinn, der es uns ermöglicht, unsere eigenen Ziele effizienter zu erreichen.

Die Entwicklung eines Anti-Facebooks

Kurzum, unsere Zukunft ist eine, in der die KI unsere Schnittstelle zur Welt sein wird – einer Welt aus digitalen Informationen. Dies kann entweder dazu führen, dass der Einzelne mehr Kontrolle über sein Leben erlangt, oder zu einem völligen Verlust der Handlungsfähigkeit. Leider sind Social Media derzeit auf dem falschen Weg. Aber es ist noch früh genug, um einen Kurswechsel herbeizuführen.

Als Branche müssen wir Produktkategorien und Märkte entwickeln, in denen die Anreize darauf ausgerichtet sind, dem Nutzer die Kontrolle über die ihn betreffenden Algorithmen zu übertragen, anstatt die KI zu nutzen, um den Verstand des Nutzers für Profit oder politischen Gewinn zu missbrauchen. Wir müssen uns anstrengen, Produkte zu entwickeln, die quasi ein Anti-Facebook sind.

In ferner Zukunft werden solche Produkte wahrscheinlich die Form von KI-Assistenten haben. Digitale Mentoren, die so programmiert sind, dass sie uns helfen, und die uns die Kontrolle über die Ziele geben, die sie in der Interaktion mit uns verfolgen. Und in der Gegenwart könnten Suchmaschinen als ein frühes, primitiveres Beispiel für eine KI-gesteuerte Informationsschnittstelle angesehen werden, die den Nutzern dient, anstatt zu versuchen, ihren geistigen Raum zu erobern. Die Suche ist ein Werkzeug, das wir bewusst einsetzen, um bestimmte Ziele zu erreichen, und nicht ein passiver Always-on-Feed, der auswählt, was uns gezeigt werden soll. Wir sagen ihr, was sie tun soll. Und anstatt zu versuchen, unsere Zeit maximal zu verschwenden, versucht eine Suchmaschine, die Zeit zu minimieren, die benötigt wird, um von der Frage zur Antwort, vom Problem zur Lösung zu gelangen.

Sie denken vielleicht, dass eine Suchmaschine – da sie immer noch eine KI-Schicht zwischen uns und den Informationen ist, die wir konsumieren – ihre Ergebnisse verzerren könnte, um so zu versuchen, uns zu manipulieren? Ja, dieses Risiko steckt in jedem Algorithmus zum Informationsmanagement. Aber im Gegensatz zu sozialen Netzwerken sind die Marktanreize in diesem Fall tatsächlich auf die Bedürfnisse der Nutzer ausgerichtet, sodass die Suchmaschinen so relevant und objektiv wie möglich sind. Wenn sie nicht maximal nützlich sind, gibt es im Wesentlichen keine Reibungsverluste für Nutzer, die zu einem Konkurrenzprodukt wechseln. Und wichtig ist, dass eine Suchmaschine eine wesentlich kleinere psychologische Angriffsfläche hat als ein Social Newsfeed. Die Bedrohung, die wir in diesem Beitrag dargestellt haben, setzt voraus, dass die meisten der folgenden Punkte in einem Produkt vorhanden sind:

- **sowohl Wahrnehmung als auch Handlung:** Das Produkt müsste nicht nur die Kontrolle über die Informationen haben, die es uns zeigt (Nachrichten und soziale Updates), es müsste auch in der Lage sein, unsere aktuellen mentalen Zustände über „Likes“, Chat-Nachrichten und Status-Updates „wahrzunehmen“. Ohne Wahrnehmung und Handlung kann keine Verstärkungslernschleife etabliert werden. Ein ausschließlich zum Lesen verfügbarer Feed wäre nur als möglicher Weg für klassische Propaganda gefährlich.

- **Zentralität in unserem Leben:** Das Produkt müsste eine wichtige Informationsquelle für mindestens eine Teilmenge seiner Nutzer sein, und typische Nutzer müssten mehrere Stunden pro Tag damit verbringen. Ein Hilfs- und Spezial-Feed (wie die Produktempfehlungen von Amazon) wäre keine ernsthafte Bedrohung.

- **eine soziale Komponente,** die ein weitaus breiteres und effektiveres Spektrum an psychologischen Kontrollvektoren (insbesondere soziale Verstärkung) ermöglicht. Ein nicht personalisierter Newsfeed hat nur einen Bruchteil der Hebelwirkung auf unsere Köpfe.

- **Geschäftsanreize,** die darauf abzielen, die Nutzer zu manipulieren und sie dazu zu bringen, mehr Zeit mit dem Produkt zu verbringen.

Die meisten KI-gesteuerten Informationsmanagementprodukte erfüllen diese Anforderungen nicht. Soziale Netzwerke hingegen sind eine erschreckende Kombination von Risikofaktoren. Als Technologen sollten wir uns auf Produkte konzentrieren, die diese Eigenschaften nicht aufweisen, und uns gegen Produkte wehren, die sie alle kombinieren, und sei es nur wegen ihres Potenzials für gefährlichen Missbrauch.

Bauen wir Suchmaschinen und digitale Assistenten, nicht soziale Newsfeeds. Machen wir unsere Empfehlungsmaschinen transparent, konfigurierbar und konstruktiv, nicht zu Spielautomaten, die „Engagement" und Zeitverschwendung maximieren. Investieren wir unsere UI-, UX- und KI-Expertise in den Aufbau großartiger Konfigurationspanels für unseren Algorithmus, damit unsere Nutzer unser Produkt zu ihren eigenen Bedingungen nutzen können.

Und wichtig ist, dass wir die Nutzer über diese Fragen aufklären, damit sie manipulative Produkte ablehnen und genügend Marktdruck erzeugen, um die Anreize für die Technologiebranche mit denen der Verbraucher in Einklang zu bringen.

Fazit: die Weggabelung auf dem Weg nach vorn

Social Media wissen nicht nur genug über uns, um leistungsfähige psychologische Modelle von Einzelpersonen und Gruppen zu erstellen, sondern haben auch zunehmend die Kontrolle über unsere Informationsversorgung. Sie haben Zugang zu einer Reihe äußerst effektiver psychologischer Schwachstellen, um zu manipulieren, was wir glauben, wie wir fühlen und was wir tun.

Ein ausreichend fortgeschrittener KI-Algorithmus mit Zugang sowohl zur *Wahrnehmung* unseres mentalen Zustands als auch zu unseren *Handlungen* im Rahmen einer kontinuierlichen Schleife kann verwendet werden, um unsere Überzeugungen und unser Verhalten effektiv zu kapern.

Die Verwendung von KI als Schnittstelle zu Informationen ist nicht das Problem an sich. Solche KI-Schnittstellen, wenn sie gut konzipiert sind, haben das Potenzial, für uns alle enorm vorteilhaft und förderlich zu sein. Der Schlüsselfaktor: Der Nutzer sollte die volle Kontrolle über die Ziele des Algorithmus behalten und ihn als Werkzeug nutzen, um seine eigenen Ziele zu verfolgen (wie bei einer Suchmaschine).

Als Technologen haben wir die Verantwortung, gegen Produkte vorzugehen, die uns die Kontrolle entziehen, und unsere Anstrengungen darauf zu richten, Informationsschnittstellen zu schaffen, die den Nutzer zum Verantwortlichen machen. Verwenden wir die KI nicht als Werkzeug, um unsere Nutzer zu manipulieren, sondern geben wir unseren Nutzern die KI als Werkzeug, um mehr Einfluss auf ihre Situation zu nehmen.

Der eine Weg führt zu einem Ort, der mir wirklich Angst macht. Der andere führt zu einer humaneren Zukunft. Es ist noch Zeit, den besseren Weg zu nehmen. Wenn Sie an diesen Technologien arbeiten, denken Sie daran. Sie haben vielleicht keine bösen Absichten. Es ist Ihnen vielleicht egal. Sie könnten Ihre Aktienoptionen einfach höher bewerten als unsere gemeinsame Zukunft. Aber egal, ob es Sie interessiert oder nicht – weil Sie die Infrastruktur der digitalen Welt mitgestalten, beeinflussen Ihre Entscheidungen uns alle. Und Sie könnten irgendwann dafür verantwortlich gemacht werden.

François Chollet ist Softwareingenieur mit Fachgebiet Deep Learning bei Google und Autor von *Deep Learning with Python*. Dieser Beitrag erschien im englischen Original bei Medium.com. → 7

Quellen

1 **Lafrance, Adrienne** (2015). When People Feared Computers. TheAtlantic.com.

2 **Leiserowitz, Anthony et al.** (2018). Climate change in the American mind: March 2018. Yale University and George Mason University.

3 **Crawford, Kate** (2016). There is a blind spot in AI research. Nature 538, 311–313.

4 **Youyou, Wu et al.** (2015). Computer-based personality judgments are more accurate than those made by humans. Proceedings of the National Academy of Sciences 112 (4), 1036–1040.

5 **Ferenstein, Gregory** (2014). Predicting Love And Breakups With Facebook Data. TechCrunch.com.

6 **Kwon, Diana** (2017). Can Facebook's Machine-Learning Algorithms Accurately Predict Suicide? ScientificAmerican.com.

7 **Chollet, François** (2018). What worries me about AI. Medium.com.

VIRGINIA DIGNUM

With great power
comes great
responsibility

VIRGINIA DIGNUM

With great power comes great responsibility

Eine verantwortungsbewusste künstliche Intelligenz ist notwendig, um die Probleme der digitalen Welt zu lösen

Heutzutage führen alle Wege zur Digitalisierung. Das digitale Ökosystem ist global, weltweit, nicht exklusiv in irgendeinem Land, einer Region oder einem Wirtschaftssektor. Die digitale Revolution kann nicht gelingen, ohne dass alle Menschen auf der ganzen Welt daran beteiligt werden, und sie führt zu einem neuen Paradigma, das sich auf die gesamte Gesellschaft auswirkt.

Tatsächlich ist die digitale Transformation der Gesellschaft der Haupttrend und die größte Herausforderung dieses Jahrhunderts. Bald wird weltweit jeder Mensch mit dem Internet verbunden sein. Schon Ende 2013 war die Zahl derer, die mit der Digitaltechnik aufgewachsen sind, höher als die derer, die sich darauf erst einstellen mussten. → 1

Das Motto der NEXT Conference 2018 lautet **DIGITAL FIX – FIX DIGITAL**. Das erste Problem ist jedoch, dass das Digitale, so wie das Soziale oder das Reale, nicht „fixiert“ werden kann. Die Welt ist ständig in Bewegung, und die „Fixes“, die wir heute ausprobieren, sind eine Folge dessen, was wir gestern getan haben, und werden sich auf unser Handeln von morgen auswirken. In der Tat werden uns, einem häufig Marshall McLuhan zugeschriebenen Ausspruch zufolge, die Werkzeuge, die wir gestalten, anschließend prägen, und das digitale Ökosystem wird eine Neudefinition der grundlegenden menschlichen Werte mit sich bringen, einschließlich unseres gegenwärtigen Verständnisses von Arbeit und Wohlstand.

Die gegenwärtige Welle der digitalen Transformation umfasst die Einführung einer Reihe hoch entwickelter Technologien, wie Big Data/Analytics, Internet of Things, Robotik, Sensoren und künstliche Intelligenz (KI), die darauf abzielen, die Informationsverarbeitung und die Qualität der Entscheidungsfindung zu verbessern und gleichzeitig Routineaufgaben weiter zu automatisieren. → 2 Insbesondere die KI bietet Menschen und Organisationen die Möglichkeit, in einer Größenordnung zu lernen, die vorher nicht möglich war. Mithilfe von KI-Methoden können Maschinen erkennen, klassifizieren, analysieren, Rückschlüsse ziehen, handeln und vor allem aus Daten und Erfahrungen der Vergangenheit lernen.

Es ist jedoch sehr wichtig zu erkennen, dass die Daten, die diese Systeme verwenden, Daten sind, die wir erzeugt haben, mit all dem Guten, Schlechten und Hässlichen des menschlichen Verhaltens. KI absorbiert und reflektiert und verstärkt alle Annahmen und Vorurteile, die wir in der Gesellschaft haben. KI reflektiert, wer wir sind, gibt uns aber gleichzeitig die Möglichkeit, sehr schnell zu lernen und uns bessere Handlungsoptionen für die Zukunft zu bieten. Das heißt:

"AI gives us an opportunity to consider, and make real decisions about, the kind of digital world we want to live in."

– Susan Etlinger (2018) → 3

Dieser Beitrag behandelt die Rolle der KI bei der Förderung eines positiven digitalen Transformationsprozesses. Wir beginnen damit, das Konzept der verantwortungsbewussten künstlichen Intelligenz vorzustellen, und geben dann einige Beispiele für die Auswirkungen der Digitaltechnik auf Bildung und Arbeit.

Verantwortungsbewusste künstliche Intelligenz

Angesichts einer unerwarteten Straßenblockade muss Ihr selbstfahrender Wagen entscheiden, ob er zur Seite schwenkt und dabei riskiert, einen Fußgänger zu verletzen, oder gegen die Blockade prallt, die Sie gefährdet. Ihr Hypothekenantrag wird unerklärlicherweise aufgrund eines algorithmischen Profils Ihrer Glaubwürdigkeit abgelehnt. Betrugsermittler klopfen an Ihre Tür, weil eine Big-Data-Anwendung der Regierung errechnet hat, dass die Wahrscheinlichkeit hoch ist, dass Sie Arbeitslosengeldbetrug begangen haben.

Diese Beispiele zeigen, wie KI unser Leben beeinflussen kann. Aber was bedeutet es für ein KI-System, eine Entscheidung zu treffen? Was sind die moralischen, gesellschaftlichen und rechtlichen Konsequenzen dieser Handlungen und Entscheidungen? Kann ein KI-System für sein Handeln zur Verantwortung gezogen werden? Wie können diese Systeme gesteuert werden, wenn ihre Lernfähigkeit sie in Zustände bringt, die möglicherweise nur entfernt mit ihrem ursprünglich konzipierten Aufbau verbunden sind? Sollte eine solche autonome Innovation in kommerziellen Systemen überhaupt erlaubt sein, und wie sollten Nutzung und Entwicklung geregelt werden? Diese und viele andere damit zusammenhängende Fragen stehen derzeit im Mittelpunkt der Aufmerksamkeit. Die Art und Weise, wie die Gesellschaft und unsere sozialen Systeme mit diesen Fragen umgehen können, wird zu einem großen Teil über unser Vertrauen in die KI und letztlich über ihre Auswirkungen auf die Gesellschaft und über die Existenz der KI entscheiden.

Im Gegensatz zu in den Medien und in der Unterhaltungsliteratur verbreiteten erschreckenden Bildern einer dystopischen Zukunft, die von bösen KI-Systemen beherrscht wird, wird KI derzeit fast ausschließlich in einer Weise angewendet, die das menschliche Wohlbefinden verbessert, und zwar in einer Vielzahl von Bereichen wie Verkehr, Servicerobotik, Gesundheitswesen, Bildung, Bevölkerungsgruppen mit geringen Ressourcen, öffentlicher Sicherheit und Gefahrenabwehr, Beschäftigung und Arbeitsplatz sowie Unterhaltung und Produktivität. → 4 Die Notwendigkeit einer ethischen Betrachtung bei der Entwicklung intelligenter interaktiver Systeme ist in den letzten Jahren zu einem der einflussreichsten Forschungsbereiche geworden. Dies hat zu mehreren Initiativen sowohl von Forschern als auch von Praktikern geführt, wobei insbesondere die Arbeit der IEEE-Initiative zur Ethik autonomer Systeme erwähnt werden muss. Sie ist aber auch der Schwerpunkt zahlreicher nationaler politischer Initiativen auf der ganzen Welt.

Verantwortungsbewusste KI: Wer ist verantwortlich?

Aus großer Macht erwächst große Verantwortung. Da die Entscheidungsfähigkeiten eines KI-Systems zunehmen, muss auch die Art und Weise wachsen, wie das System und seine Akteure mit Verantwortung umgehen. Hier ist es von größter Wichtigkeit zu beachten, dass **KI ein Artefakt und somit konstruiert ist.** Wenn und wann Artefakte autonom agieren sollen,

„müssen wir sicher sein, dass der Zweck, zu dem wir die Maschine bauen, der Zweck ist, den wir wirklich wollen."

– Stuart Russell (2016), zitiert Norbert Wiener → 5

Um KI-Systeme zu entwickeln, die für moralische Prinzipien und menschliche Werte sensibel sind, ruhen die Methoden für eine verantwortungsbewusste KI auf drei gleichwertigen Säulen. Erstens **muss die Gesellschaft bereit sein, die Verantwortung für die Auswirkungen**

der KI zu übernehmen. Dies bedeutet, dass Forscher und Entwickler geschult werden sollten, sich ihrer eigenen Verantwortung bewusst zu sein, wenn es um die Entwicklung von KI-Systemen mit direkten Auswirkungen auf die Gesellschaft geht. Dies erfordert Anstrengungen im Bereich der allgemeinen und beruflichen Bildung und die Entwicklung von Verhaltenskodizes. Dies erfordert Methoden und Werkzeuge, um moralische, gesellschaftliche und rechtlich relevante Werte in die technologischen Entwicklungen der KI zu integrieren.

Darüber hinaus ist verantwortungsbewusste KI eine Frage der Regulierung und Gesetzgebung. Es ist Sache der Regierungen und der Bürger, zu entscheiden, wie Haftungsfragen geregelt werden sollen. Wer ist zum Beispiel schuld, wenn ein selbstfahrendes Auto einem Fußgänger schadet? Der Hersteller der Hardware (zum Beispiel der Sensoren, mit denen das Auto die Umwelt wahrnimmt)? Der Hersteller der Software, die es dem Auto ermöglicht, sich für einen Weg zu entscheiden? Die Behörden, die das Auto für den Straßenverkehr zulassen? Die Besitzerin, die die Auto-Entscheidungseinstellungen personalisiert hat, um ihren Vorlieben gerecht zu werden? Das Auto selbst, weil sein Verhalten auf seinem eigenen Lernen basiert? All diese und weitere Fragen müssen die Vorschriften berücksichtigen, die in den einzelnen Gesellschaften für einen verantwortungsvollen Umgang mit KI-Systemen gelten.

Zweitens **impliziert eine verantwortungsvolle KI die Notwendigkeit von Mechanismen, die es den KI-Systemen ermöglichen, nach ethischen und menschlichen Wertvorstellungen zu handeln.** Unabhängig davon, ob wir sie entsprechend gestalten oder nicht, treffen KI-Systeme bereits heute Entscheidungen, die wir für ethisch relevant halten, wenn sie von Menschen getroffen werden. Sich dessen bewusst zu sein, ist die Aufgabe einer verantwortungsbewussten KI. Wie gestalten wir Systeme, die implizite „ethische" Entscheidungen treffen? Oder wie gestalten wir das System so, dass es die

Entscheidung an einen Menschen weiterleitet, weil es eine ethische Entscheidung ist? Und wo ist die Grenze zwischen nicht ethischen und ethischen Entscheidungen? Dies erfordert Modelle und Algorithmen, um menschliche Wertvorstellungen darzustellen, zu begründen und Entscheidungen auf der Grundlage menschlicher Wertmaßstäbe zu treffen und diese entsprechend ihrer Wirkung auf diese Wertvorstellungen zu rechtfertigen. Aktuelle (Deep-Learning-)Mechanismen sind nicht in der Lage, Entscheidungen sinnvoll mit den Inputs zu verknüpfen, und können daher ihre Handlungen nicht in einer Weise erklären, die wir verstehen können.

Drittens, **Partizipation.** Es ist notwendig zu verstehen, wie verschiedene Menschen in verschiedenen Kulturen mit KI-Technologien arbeiten und mit ihnen leben, um Rahmenbedingungen für eine verantwortungsbewusste KI zu entwickeln. Tatsächlich steht die KI nicht für sich allein, sondern muss als Teil der soziotechnischen Beziehungen verstanden werden. Auch hier spielt Bildung eine wichtige Rolle, sowohl um sicherzustellen, dass das Wissen über das Potenzial der KI weitverbreitet ist, als auch um den Menschen bewusst zu machen, dass sie die gesellschaftliche Entwicklung mitgestalten können. Eine neue und ambitioniertere Form der Führung ist eine der dringendsten Notwendigkeiten, um sicherzustellen, dass die unausweichlichen Fortschritte der KI dem gesellschaftlichen Wohl dienen.

Die ART der KI: Rechenschaftspflicht, Verantwortungsbewusstsein, Transparenz

KI-Systeme zeichnen sich oft durch ihre Autonomie, Interaktivität und Anpassungsfähigkeit aus. **→ 6 → 7** Diese Eigenschaften ermöglichen es den Akteuren, effektiv mit den Umgebungen umzugehen, in denen wir leben und arbeiten: Umgebungen mit dynamischen räumlichen und zeitlichen Schwankungen und Unvorhersehbarkeiten, die dazu führen, dass für die Akteure, die mit ihnen interagieren, häufig bisher unbekannte Situationen auftreten. Ein interaktives System, das autonom und anpassungsfähig ist, ist jedoch schwer vorhersehbar und kann zu unerwarteten Aktivitäten oder unerwünschtem Verhalten führen. Um die gesellschaftlichen Bedenken über die Ethik der KI widerzuspiegeln und sicherzustellen, dass KI-Systeme verantwortungsbewusst entwickelt werden und soziale und ethische Werte einbeziehen, schlagen wir vor, diese Eigenschaften durch die ART-Prinzipien zu ergänzen: Rechenschaftspflicht (Accountability), Verantwortungsbewusstsein (Responsibility) und Transparenz (Transparency). → **8**

Rechenschaftspflicht bezieht sich auf die Anforderung, Entscheidungen und Handlungen gegenüber seinen Interaktionspartnern, d. h. den Nutzern und anderen, mit denen das System interagiert, zu erklären und zu rechtfertigen. Um die Rechenschaftspflicht zu gewährleisten, müssen Entscheidungen aus den verwendeten Entscheidungsalgorithmen abgeleitet und erläutert werden. Dazu gehört die Notwendigkeit der Repräsentation der moralischen Werte und gesellschaftlichen Normen, die der Akteur im Rahmen seiner Tätigkeit vertritt. Verantwortlichkeit in der KI erfordert sowohl die Funktion der Handlungssteuerung (durch Meinungsbildung und Entscheidungsfindung) als auch die Funktion der Erklärung (indem Entscheidungen in einen weiteren Kontext gestellt und entlang moralischer Werte klassifiziert werden).

Verantwortungsbewusstsein bezieht sich auf die Rolle des Menschen selbst und auf die Fähigkeit der KI-Systeme, sich für die eigene Entscheidung zu verantworten und Fehler oder unerwartete Ergebnisse zu erkennen. Mit wachsender Verantwortungskette werden Mittel benötigt, um die Entscheidungen der KI-Systeme mit der fairen Nutzung der Daten und dem Handeln der an der Entscheidung des Systems beteiligten Akteure zu verknüpfen. Bei der Verantwortung geht es nicht nur darum, Regeln für intelligente Maschinen aufzustellen – wir müssen auch darüber nachdenken, wie wir die Daten regulieren, die sie erzeugen und weitergeben. Es ist an der Zeit, uns zu entscheiden und auf die neue, datengetriebene Realität mit einem konstruktiven Handlungsrahmen zu reagieren, der in der Lage ist, nachhaltige neue Formen des politischen Denkens zu vermitteln. Digitale Technologien und Datenwissenschaft werden heute genutzt, um unsere Gesellschaften zu formen, um das eigentliche Gefüge unserer Gesellschaft zu bilden und dabei oft demokratische Entscheidungen und wissenschaftliche Fakten zu umgehen.

Transparenz bezieht sich auf die Notwendigkeit, die Mechanismen zu beschreiben, zu überprüfen und zu reproduzieren, durch die KI-Systeme Entscheidungen treffen und lernen, sich an ihre Umgebung anzupassen, sowie auf die Kontrolle der verwendeten Daten. Aktuelle KI-Algorithmen sind grundsätzlich Blackboxes. Regulatoren und Nutzer verlangen jedoch Aufklärung und Klarheit über die verwendeten Daten. Methoden werden benötigt, um Algorithmen und deren Ergebnisse zu überprüfen und um Daten, deren Herkunft und Dynamik zu beherrschen. Transparenz erfordert eine angemessene Behandlung des Lernprozesses sowie Ansätze zur Beseitigung der sogenannten algorithmischen Blackbox. Das Vertrauen in das System wird sich verbessern, wenn wir die Offenheit der Vorgänge in allem, was mit dem System zusammenhängt, gewährleisten können. Von allen Modellen, die menschliche Daten verwenden oder Menschen betreffen oder andere moralisch bedeutsame Auswirkungen haben können, sollte erwartet werden, dass sie explizit und offen sind hinsichtlich der Auswahl und Entscheidung über Datenquellen, Entwicklungsprozesse und Interessengruppen. → 9

Ein **Design-for-Values**-Ansatz für KI-Modelle stellt sicher, dass diese Prinzipien in allen Phasen der Systementwicklung analysiert und dokumentiert werden. Neben diesen Anforderungen gilt es, die Optimierungskriterien für Machine Learning zu überdenken. Opazität im maschinellen Lernen, der sogenannte *Blackbox*-Effekt, wird oft als eines der Haupthindernisse für Transparenz in der künstlichen Intelligenz genannt. Machine-Learning-Algorithmen werden mit dem Hauptziel entwickelt, die funktionale Leistungsfähigkeit zu verbessern. Dies führt zu komplexen Funktionen, die dafür optimiert sind, die Frage bestmöglich zu beantworten (zum Beispiel Bilder erkennen, Röntgenbilder analysieren, Text klassifizieren ...), aber sie tun dies durch Feinabstimmung der Ausgaben auf die spezifischen Eingaben, indem sie sich der Struktur einer Funktion annähern, ohne einen Einblick in die Struktur der näherungsweise dargestellten Funktion zu geben. Solange das Hauptziel des Algorithmusdesigns darin besteht, die funktionale Leistung zu verbessern, werden Algorithmen sicherlich Blackboxes bleiben. Die Forderung, sich auf die Einhaltung ethischer Prinzipien zu konzentrieren und menschliche Wertvorstellungen in den Mittelpunkt des Systemdesigns zu stellen, erfordert ein Umdenken der Forscher und Entwickler hin zu dem Ziel, die Transparenz und nicht die Leistung zu verbessern, was zu einer neuen Generation von Algorithmen führen wird.

Die Rolle der Ethik

Theorien, Methoden, Algorithmen werden benötigt, um gesellschaftliche, rechtliche und moralische Werte in die technologische Entwicklung der KI zu integrieren, und zwar in allen Phasen der Entwicklung (Analyse, Design, Programmierung, Inbetriebnahme und Evaluierung). Je nach Grad ihrer Autonomie und ihrer sozialen Bedeutung sind unterschiedliche Methoden der ethischen Begründung erforderlich. Da Ethik vom soziokulturellen Kontext abhängt und oft nur implizit in Entscheidungsprozessen enthalten ist, sind Methoden erforderlich, um die Wertmaßstäbe von Designern und Interessengruppen herauszuarbeiten, und sie explizit zu machen, kann zu einem besseren Verständnis und stärkerem Vertrauen in künstliche autonome Systeme führen. Es ist wichtig, dem Wertepluralismus Rechnung zu tragen und zu lernen, beim Design beispielsweise auf Effizienz, Nutzerfreundlichkeit, Flexibilität, Belastbarkeit, Fairness, Gerechtigkeit, Würde, Glück, Wohlbefinden, Sicherheit, Schutz, Gesundheit, Empathie, Freundschaft, Solidarität und Frieden zu achten. Daher muss die Sicherstellung einer verantwortungsbewussten KI ethische Aspekte auf verschiedenen Ebenen berücksichtigen:

- **Ethik *im* Design:** betrifft die Methoden und Werkzeuge für die Gestaltung und Entwicklung von KI-Systemen, die

  - die Analyse, Überprüfung und Bewertung der ethischen, rechtlichen und gesellschaftlichen Auswirkungen des Systems sowie

  - die Beteiligung und Integrität aller Beteiligten bei der Erforschung, Gestaltung, Entwicklung, Nutzung, dem Management und der Stilllegung von KI-Systemen gewährleisten.

  Dies mit dem Ziel, sicherzustellen, dass die Entwicklung von KI-Systemen potenzielle Konsequenzen für Individuen und Gesellschaften berücksichtigt, indem sie die Folgen der Designentscheidungen antizipiert, das Problem reflektiert, alle Beteiligten einbezieht, das Design überprüft und validiert und geeignete Maßnahmen ergreift, um die soziale, rechtliche und ethische Akzeptanz des Systems sicherzustellen.

- **Ethik *durch* Design:** bezieht sich auf die computerbasierten und theoretischen Methoden und Werkzeuge, die die Darstellung, Bewertung, Überprüfung und Transparenz ethischer Überlegungen durch Maschinen ermöglichen, mit dem Ziel, die menschliche Verantwortung für gemeinsame Aufgaben mit diesen Maschinen zu fördern und zu vermitteln. Obwohl KI-Systeme zunehmend in der Lage sind, Entscheidungen zu treffen und Handlungen vorzunehmen, die moralische Auswirkungen haben, sind KI-Systeme Artefakte und daher weder ethisch noch rechtlich verantwortlich.

Die Forschung in diesem Bereich befasst sich mit

- den Desiderata zur Darstellung und Nutzung moralischer Werte durch KI-Systeme,
- dem Verständnis der Bedeutung und der angemessenen Einschränkungen des Systemverhaltens und
- der technisch-algorithmischen Integration ethischer Begründungsfähigkeiten als Teil des Verhaltens künstlicher autonomer Systeme.

⊙ **Ethik *für* Design(er):** die regulatorischen und technischen Methoden, die die Analyse und Bewertung der ethischen Implikationen von KI-Systemen unterstützen, wenn diese traditionelle soziale Strukturen integrieren oder ersetzen, sowie die Steuerungsfragen, die erforderlich sind, um den Missbrauch dieser Systeme zu verhindern. Es geht um die ethische Haltung von Designern, Entwicklern und anderen am Designprozess Beteiligten, die sicherstellen soll, dass sie die gesellschaftlichen Auswirkungen ihrer Designentscheidungen berücksichtigen und die notwendigen Schritte unternehmen, um negative Auswirkungen und Dual Use ihrer Ergebnisse zu minimieren. Dazu gehören die Einhaltung von Verhaltenskodizes sowie die Definition und Anwendung von Standards, Vorschriften und Zertifizierungsverfahren, die die Integrität von Entwicklern, Produkten und Dienstleistungen sicherstellen.

Soziale Auswirkungen

Es ist dringend notwendig, die Auswirkungen der Digitalisierung auf die Beschäftigten zu antizipieren und sich darauf vorzubereiten. Neben den zwingenden technologischen Fähigkeiten wird die menschliche Arbeitskraft der Zukunft zunehmend gefordert sein, zu kooperieren, sich an eine sich ständig verändernde Welt anzupassen und einen fragenden Verstand zu bewahren. Anwendungen der künstlichen Intelligenz werden ein fester Bestandteil des digitalen Ökosystems sein, und während diese Systeme uns in vielerlei Hinsicht helfen können, wird das Zusammenleben mit KI-Systemen zwangsläufig Veränderungen in der Art und Weise mit sich bringen, wie wir, die Menschen, interagieren, lernen und arbeiten.

KI kann uns harte, gefährliche oder langweilige Arbeit abnehmen; sie kann uns helfen, Leben zu retten und Katastrophen zu bewältigen; und sie kann uns unterhalten und unser tägliches Leben angenehmer gestalten. Tatsächlich verändern die heutigen KI-Systeme bereits unser tägliches Leben, fast immer auf eine Weise, die die menschliche Gesundheit, Sicherheit und Produktivität verbessert.

In den kommenden Jahren ist damit zu rechnen, dass KI-Systeme zunehmend in Bereichen wie Verkehr, Servicerobotik, Gesundheitswesen, Bildung, Bevölkerungsgruppen mit geringen Ressourcen, öffentliche Sicherheit, Beschäftigung und Arbeitsplatz sowie Unterhaltung eingesetzt werden. Diese Systeme müssen auf eine Weise eingeführt werden, die Vertrauen und Verständnis schafft, die Menschen- und Bürgerrechte respektiert und im Einklang mit der Kultur und dem sozialen Kontext steht.

Was die Frage betrifft, wie KI zu einer sich verändernden Gesellschaft beiträgt, so zeigen bestehende Studien eine fast gleichmäßige Verteilung unter den Forschern zwischen positiven und negativen Auswirkungen auf die europäische Wirtschaft. → 10 Allerdings zeigen Umfragen auch wenig Konsens zwischen den Forschern, deren Meinungsspektrum in etwa von business as usual bis zu Extremen des Optimismus oder Pessimismus reicht. → 11 Eine kürzlich durchgeführte qualitative Studie mit führenden europäischen Forschern zeigt, dass die Ansichten der befragten Experten in ihrer Kurzfristprognose ziemlich einvernehmlich sind und weitgehend mit den Ergebnissen des *Business-as-usual*-Szenarios übereinstimmen. → 12 Sie zeigen weniger Konsens in ihren langfristigen Prognosen, die jedoch überwiegend optimistisch sind.

In allen Szenarien ist jedoch die Rolle der Bildung von entscheidender Bedeutung. Um die für ein belastbares und nachhaltiges digitales Ökosystem erforderlichen Fähigkeiten zu gewährleisten, ist eine Neugestaltung der Bildungsinhalte auf allen Ebenen erforderlich. Technologische Lehrpläne sollten nicht nur sicherstellen, dass die Studierenden die gesellschaftlichen, ethischen und rechtlichen Auswirkungen ihrer Arbeit kennen und damit umgehen können, sondern vor allem sollten die Lehrpläne im Allgemeinen und auf allen Ebenen auf Learn to Learn ausgerichtet sein, wobei der Schwerpunkt auf Kooperationsfähigkeiten, der Entwicklung einer neugierigen Haltung und dem Einsatz von Vorstellungskraft liegen sollte.

KI-Systeme sind großartig darin, Antworten zu finden, und werden dies immer besser tun. Es liegt an uns, die richtigen Fragen zu stellen und die Ergebnisse kritisch zu bewerten, um zu einer verantwortungsvollen Umsetzung von Lösungen beitragen zu können. Dies sollte der Schwerpunkt der Ausbildung sein.

Wenn KI-Systeme die Menschen in vielen traditionellen Berufen ersetzen, müssen wir die Bedeutung der *Arbeit* überdenken. Arbeitsplätze ändern sich, aber noch wichtiger ist, dass sich der Charakter der Arbeitsplätze ändert. Sinnvolle Berufe sind solche, die zum Wohl der Gesellschaft, zur Selbstverwirklichung und zum Fortschritt der Menschheit beitragen. Diese sind nicht unbedingt mit unserem derzeitigen Verständnis von „bezahlten Arbeitsplätzen“ gleichzusetzen. KI-Systeme können uns befreien, um füreinander zu sorgen, Kunst, Hobbys und

Sport zu treiben, die Natur zu genießen und zu meditieren, d. h. die Dinge zu tun, die uns Energie geben und uns glücklich machen.

Schlussbemerkungen

Verantwortungsbewusste KI ist mehr als das Abhaken einiger ethischer Kästchen oder die Entwicklung einiger Zusatzfunktionen in KI-Systemen. Die verantwortungsbewusste Gestaltung von Systemen trägt zu unserem Vertrauen in ihr Verhalten bei und erfordert sowohl Rechenschaftspflicht, d. h. die Fähigkeit, Entscheidungen zu erklären und zu begründen, als auch Transparenz, d. h. das Verstehen der Art und Weise, wie Systeme Entscheidungen treffen, und welche Daten verwendet werden.

Da die KI-Systeme an Autonomie und Lernfähigkeit gewinnen, müssen bei ihrer Entwicklung die Grundsätze von Rechenschaftspflicht, Verantwortungsbewusstsein und Transparenz explizit und systematisch berücksichtigt werden. Die Entwicklung von KI-Algorithmen wurde bisher von dem Ziel geleitet, die Performance zu verbessern, was zu undurchsichtigen Blackboxes führte. Um die menschlichen Wertmaßstäbe in den Mittelpunkt der KI-Systeme zu stellen, bedarf es eines Umdenkens von Forschern und Entwicklern hin zu dem Ziel, die Transparenz und nicht die Leistung zu verbessern, was zu neuen und hochinteressanten Techniken und Anwendungen führen wird.

Fortschritte in der KI sind für die gesamte Gesellschaft von Bedeutung. Arbeit, Bildung, Gesundheit und Wohlbefinden werden durch die KI beeinflusst. Um sicherzustellen, dass dieser Übergang zu einer besseren Zukunft führt, ist es jetzt an der Zeit zu entscheiden. Bauen wir Algorithmen, um den Gewinn der Aktionäre zu maximieren oder eine faire Verteilung der Ressourcen in einer Gemeinschaft zu gewährleisten, indem wir Lösungen für die Tragik der Allmende anbieten und den freien Zugang zu Informationen und Bildung für alle sicherstellen;

um die Unternehmensleistung zu optimieren oder die Ernteerträge für Kleinbauern auf der ganzen Welt zu steigern, indem wir Echtzeitinformationen über Düngemittelpegel, Pflanz- und Erntezeiten und Wetterbedingungen liefern; um die Spielstärke bei Go zu verbessern oder um interkulturelle Kommunikation zu fördern, indem bessere kontextualisierte Übersetzungsdienste bereitgestellt werden?

KI ist nicht nur ein Risiko für die menschlichen Wertvorstellungen, sondern birgt auch ein enormes Potenzial, um das Leben vieler Menschen zu verbessern und die Menschenrechte für alle zu gewährleisten. Wie dies jedoch realisiert wird, hängt von uns ab.

Virginia Dignum ist Associate Professor an der Fakultät für Technologie, Politik und Management der Technischen Universität Delft und Autorin von *A Model for Organizational Interaction: Based on Agents, Founded in Logic*.

Quellen

1 **ITU** (2015). ICT Facts and Figures 2015.

2 **Katz, Raul L.** (2017). Social and economic impact of digital transformation on the economy. GSR-17 Discussion paper. ITU.

3 **Etlinger, Susan** (2018). Creating our Digital World with Artificial Intelligence. A Q&A with Susan Etlinger on the Future of AI in the enterprise. Theblog.adobe.com.

4 **Stone, Peter et al.** (2016). Artificial Intelligence and Life in 2030: One Hundred Year Study on Artificial Intelligence: Report of the 2015–2016 Study Panel.

5 **Russell, Stuart** (2016). Should We Fear Supersmart Robots? In Scientific American, 314, 58–59.

6 **Floridi, Luciano** (2011). On the morality of artificial agents. In Machine Ethics. Cambridge University Press, 184–212.

7 **Russell, Stuart et al.** (2010). Artificial Intelligence: A Modern Approach. 3rd Edition, Prentice Hall.

8 **Dignum, Virginia** (2017). Responsible Autonomy. In Proceedings of the Twenty-Sixth International Joint Conference on Artificial Intelligence (IJCAI 2017), 4698–4704.

9 **Dignum, Virginia** (2018). On bias, black-boxes and the quest for transparency in Artificial Intelligence. Medium.com.

10 **Smith, Aaron et al.** (2014). AI, Robotics, and the Future of Jobs. Pew Research Center.

11 **van Est, Rinie et al.** (2015). Werken aan de robotsamenleving: visies en inzichten uit de wetenschap over de relatie technologie en werkgelegenheid.

12 **Dignum, Virginia** (2017). Responsible Artificial Intelligence: Designing AI for Human Values. ITU Journal: ICT Discoveries, Special Issue No. 1.

STEPHAN DÖRNER

Luxusprobleme

STEPHAN DÖRNER

Luxusprobleme

Wie das Paradoxon der digitalen Ökonomie überwunden werden kann

Wohlstandsexplosion, Negativrekorde bei Kriminalität und Gewalt und ein immer längeres Leben – warum wächst die Verunsicherung in oberflächlich betrachtet paradiesischen Zuständen? Der Kern unserer bürgerlichen Gesellschaft steht uns im Weg, um die Früchte des Fortschritts endlich allen zugutekommen zu lassen.

Um die Probleme unserer aktuellen Zeit nüchtern zu analysieren, hilft es, unsere Zeit mit Abstand zu betrachten, eine historische Perspektive einzunehmen. Stellen wir uns vor, wie ein Mensch des Mittelalters auf unsere Zeit blicken würde. Er würde unfassbaren Reichtum, unvorstellbaren Luxus sehen, er würde eine Welt sehen, die zumindest in der westlichen Hemisphäre fast ohne Gewalt auskommt, ohne Krieg, so gut wie ohne Hunger und Mangel. Und er würde sich die Augen reiben: Eines der größten Probleme dieser Menschen ist, dass ihnen die Arbeit ausgeht?

Bestandsaufnahme: Industrialisierung, Automatisierung, Globalisierung und jetzt Digitalisierung haben Wohlstand in einem Ausmaß geschaffen, das historisch bisher einmalig ist – und zwar weltweit. Selbst in einigen der ärmsten Staaten der Erde ist die Lebenserwartung inzwischen auf einem Niveau, das mit Deutschland während des Wirtschaftswunders der 1950er-Jahre vergleichbar ist. Gewalt, Krieg und

Kriminalität sind in der westlichen Welt so niedrig wie seit dem Beginn halbwegs verlässlicher Statistiken nicht – und trotz aller immer noch aktuellen Konflikte sinkt in der Langzeitbetrachtung auch weltweit die Anzahl der Kriege.

Dennoch ist eine tiefe, weitverbreitete Unzufriedenheit zu spüren und auch empirisch zu messen. Es ist eine grundlegende Unzufriedenheit damit, wie unsere Welt funktioniert und in welche Richtung sie sich bewegt – zumindest in den westlichen Gesellschaften. Spätestens seit der explosionsartigen Verbreitung des Internets Mitte der 1990er-Jahre ist die Welt für viele von einem Gefühl der Unsicherheit und des rasenden Wandels geprägt – der Mensch, so scheint es vielen, sitzt nicht mehr im Fahrersitz. Verschwörungstheorien blühen, die Hinwendung zu Nationalismus und Abschottung erscheint vielen als attraktiv.

Die Löhne haben sich von der Produktivität abgekoppelt

Diese Unzufriedenheit ist trotz aller zitierten Daten, die eine immer bessere Welt belegen, nachvollziehbar. Denn andere Daten belegen, dass bis Anfang der 1970er-Jahre in den westlichen Ländern – angeführt von den USA – die Löhne mit der Produktivität Schritt hielten. Das bedeutet nichts anderes, als dass alle Menschen von verbesserter Technik und dem gesamtgesellschaftlichen Fortschritt profitierten.

Die Volkswirtschaften waren in der Lage, mit immer weniger Einsatz von menschlicher Arbeit immer mehr Waren und Dienstleistungen herzustellen – und alle haben profitiert. Nicht alle im gleichen Maße natürlich – aber selbst der Hausmeister und die Krankenschwester merkten, dass es ihnen jedes Jahr besser ging. Einige wenige wurden sehr reich, aber zumindest wurden auch sehr viele einigermaßen wohlhabend.

Die Lücke zwischen Produktivität und typischer Arbeitnehmerentlohnung hat sich seit 1973 dramatisch vergrößert

Wachstum der Produktivität und der Stundenlöhne, 1948-2017

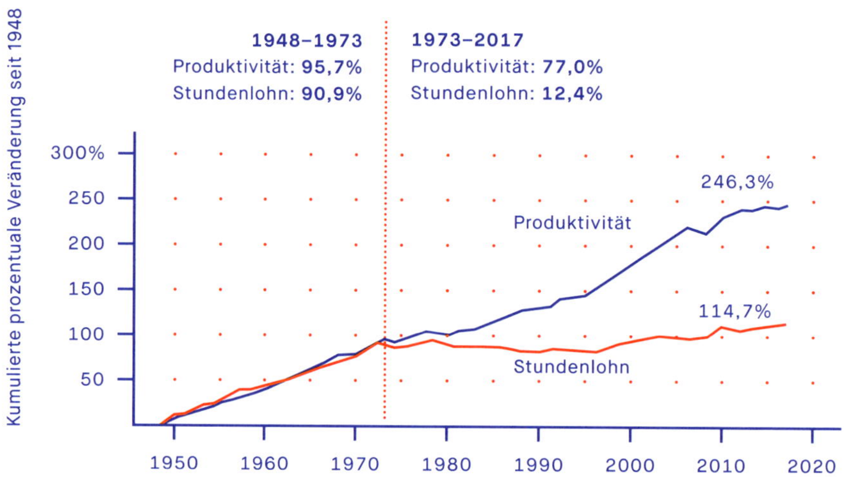

Abb. 3: Wachstum der Produktivität und der Stundenlöhne, 1948-2017
Quelle: Economic Policy Institute, 2018, Washington, D.C.

Seit Mitte der 1970er-Jahre hat sich die Produktivität von der Entwicklung der Löhne abgekoppelt. → 1 Und das, obwohl in den oben gezeigten Daten zur Gehaltsentwicklung in den USA – sie sind typisch für viele westliche Länder – sogar die explodierenden Managergehälter enthalten sind. Es handelt sich um den Durchschnitt.

Während die Produktivität weiter stark anstieg, zogen die Löhne nicht mehr im gleichen Maße mit. Besonders dramatisch wird das Bild, wenn man sich die Entwicklung der mittleren und unteren Löhne anschaut: Während der Gesamtwohlstand weiter in einem noch nie gekannten Ausmaß explodierte, stagnierten die Löhne der Mittel- und Unterschicht – teilweise gingen sie sogar real zurück.

Während also die erste Phase des Nachkriegskapitalismus einige wenige sehr reich und dafür sehr viele einigermaßen wohlhabend machte – viel wohlhabender als die meisten Menschen in Planwirtschaften –, macht die aktuelle Phase des Kapitalismus sehr wenige extrem reich, immer noch wenige sehr reich, aber auch einen wachsenden Teil der Bevölkerung, relativ gesehen, arm.

Die Politik reagiert auf das Auseinanderdriften hilflos oder überhaupt nicht. Im Mittelpunkt der Sozialpolitik sämtlicher westlicher Staaten steht immer noch mindestens implizit das Motto: „Sozial ist, was Arbeit schafft." Alle Bemühungen der Politik drehen sich also im Wesentlichen darum, möglichst viele Menschen in klassische Erwerbsarbeit zu bringen. Eine möglichst niedrige Arbeitslosenquote ist der Fetisch westlicher Politik. Was dabei nicht beachtet wird: Maschinen sind für einen immer weiter steigenden Teil unseres Wohlstands verantwortlich – die Bedeutung menschlicher Arbeit nimmt ab. Dementsprechend werden auch nur noch sehr spezielle Fähigkeiten gut ausgebildeter Menschen gut entlohnt.

Es ist das große Paradoxon unserer Zeit, dass die allgemeine Verunsicherung zeitgleich mit dem Gesamtwohlstand wächst. Allerdings ist das nicht verwunderlich in einer Zeit, in der die sozialen Gegensätze immer schärfer werden, die Weltbevölkerung immer klarer in Gewinner und Verlierer geteilt wird und der Abstand zwischen beiden Gruppen wächst.

Die Lösung dieses Problems ist ökonomisch und politisch eigentlich ganz einfach – und gleichzeitig kulturell und gesellschaftlich die schwerste Aufgabe für Gesellschaften seit Jahrhunderten.

Der schrittweise Einstieg in ein bedingungsloses Grundeinkommen

Kommen wir nun zurück zum Menschen des Mittelalters: Ihr lebt also im Paradies, Maschinen erschaffen unfassbaren Wohlstand, sodass niemand mehr stundenlang auf dem Feld arbeiten muss – und euer Problem ist, dass euch Dinge ausgehen, für die Menschen arbeiten müssen?

Worin also besteht die Jahrhundertaufgabe? Der Einstieg in den Ausstieg von der Verteilung unseres Wohlstands rein über Lohnarbeit. Oder mit anderen Worten: der schrittweise Einstieg in ein bedingungsloses Grundeinkommen.

So einfach, wie sich dieser Satz dahinschreiben lässt, so gewaltig ist die Aufgabe. Die Herausforderung besteht nicht in der Finanzierung – wir haben heute den größten Reichtum angehäuft, der in der Menschheitsgeschichte je existierte. Es gibt enorme Potenziale, die zur Besteuerung herangezogen werden könnten – von einer Kapitalertragssteuer, die sich an der Einkommenssteuer orientiert, bis hin zu einer Finanztransaktionssteuer.

Die eigentliche Herausforderung besteht darin, dass wir als westliche Gesellschaften einen gesellschaftlichen Paradigmenwechsel akzeptieren, dass wir die bürgerlichen Werte, mit denen wir seit der Französischen Revolution über Generationen sehr gut leben, als obsolet abhaken und durch ein neues Paradigma ablösen – und wenn wir Glück haben, dies bereits tun, bevor es zum Crash kommt, bevor also ökonomische und soziale Bedingungen uns zu diesem Paradigmenwechsel zwingen.

Dass die Leistung des Einzelnen seinen Platz in der Gesellschaft bestimmen sollte, ist der zentrale Glaubenssatz der bürgerlichen Moral. Er hat die alte ökonomische Ordnung verdrängt, nach der jeder und jede in eine Klasse geboren werde und sich diesem Schicksal zu ergeben habe – die vorherrschende Ordnung des mittelalterlichen Feudalismus.

Wie viel fortschrittlicher im Vergleich dazu der bürgerliche Ansatz: Aufstieg durch Fleiß, harte Arbeit und Bildung. Doch dieser Mythos bekommt seit Jahrzehnten immer tiefere Risse – im Mutterland des amerikanischen Traums sowieso, aber auch in Europa.

Dennoch ist es schmerzhaft, sich von diesem Mythos zu lösen. Dass harte Arbeit und Fleiß uns weiterbringen, wurde uns über Generationen eingeimpft – der Ausspruch „Wer nicht arbeiten will, soll auch nicht essen“ steht bereits im Neuen Testament. Jedoch: In eine Zeit, in der ein immer größerer Teil unserer Wirtschaft von immer weniger menschlicher Arbeit und immer mehr Wertschöpfung über Automation und Maschinen abhängt, passt dieses Paradigma nicht mehr. Es wird wieder Zeit, dass eine Mehrheit der Gesellschaft vom Fortschritt spürbar profitiert – nur so gelingt es auch, die Ängste vor Automatisierung und Digitalisierung abzubauen und die reichen Früchte dieser Technologien möglichst ohne Rückschläge zu ernten.

Die Stars der Digitalbranche beschäftigen nur wenige Mitarbeiter

Aber war nicht bereits die Explosion des Wohlstands in den vergangenen Jahrzehnten vor allem durch technischen Fortschritt ermöglicht worden? Wurde nicht der Fließbandarbeiter durch Maschinen ersetzt, und am Ende profitierten dennoch breite Teile der Bevölkerung?

Wo findet die Wohlstandsexplosion heute statt? Schauen wir uns die wertvollsten börsengehandelten Unternehmen der Welt an, handelt es sich ausschließlich um Tech-Konzerne, die alle massiv von Skalen- und Netzwerkeffekten profitieren – die berühmt-berüchtigten Plattformen der GAFA-Ökonomie, Google (beziehungsweise die Mutter Alphabet), Apple, Facebook und Amazon.

Der Skaleneffekt beschreibt einen positiven Effekt auf Unternehmen durch schiere Größe – und dieser wirkt sich bei Software besonders stark aus. Ist sie einmal geschrieben, lässt sie sich über das Internet praktisch ohne weitere Kosten unbegrenzt kopieren und verbreiten. Beim Netzwerkeffekt profitiert jedes Mitglied eines Netzwerks umso mehr, je mehr Mitglieder das Netzwerk hat. Sehr leicht verständlich wird das bei Facebook: Ich profitiere umso mehr von einem sozialen Netzwerk, je mehr meiner Freunde ich dort finde – ein einmal aufgebauter Vorsprung ist so kaum aufzuholen. Bei Amazon profitieren die Händler von der großen Zahl der Kunden und die Kunden von der großen Zahl der Händler und ihrer Angebote – und dieselbe Dynamik wirkt auch bei Taxi-Apps wie Uber mit Fahrern und Kunden.

Der Hype um das maschinelle Lernen, eine Form der künstlichen Intelligenz, wird die Konzentrationseffekte noch verstärken: Wer wie Google und Amazon in ihren jeweiligen Bereichen einen Vorsprung bei der Anzahl der Daten hat, kann das beste Produkt bauen, zieht die meisten Nutzer an und weitet so seinen Vorsprung mit immer mehr Daten immer weiter aus.

Große, mächtige und extrem reiche Konzerne hat es gegeben, solange der Kapitalismus existierte – und in Zeiten des explodierenden Wohlstands sind größere und reichere Unternehmen nur natürlich. Digitale Plattformen allerdings haben eine historisch einmalig mächtige Stellung als Gatekeeper und zentrale Instanz, die die Regeln für alle Teilnehmer der Plattform setzt. Im Falle von Amazon beispielsweise ist der E-Commerce-Riese längst nicht mehr ein Marktplatz unter vielen, sondern für eine wachsende Anzahl von Online-Shoppern schlicht der Markt, der die Regeln für alle Beteiligten bestimmt. Nutzer gehen direkt auf Amazon.com, statt Google für die Produktsuche zu bemühen.

Das eigentliche ökonomisch-soziale Problem am digitalen Plattformkapitalismus geht allerdings über kartellrechtliche Fragen hinaus und wird beispielsweise vom ungarisch-amerikanischen Wirtschaftshistoriker John Komlos im Gespräch mit dem Ökonomie-Podcast „Freakonomics" beschrieben: → 2

So habe die durch die Digitalisierung bedingte Pleite von Kodak rund 145.000 Menschen arbeitslos gemacht – die überwiegende Mehrzahl davon Mittelklassejobs. Die neuen milliardenschweren Stars der Digitalbranche beschäftigten im Vergleich dazu nur wenige, meist sehr gut bezahlte Mitarbeiter. Apple, das wertvollste Unternehmen der Welt, beschäftigte damals beispielsweise nur 47.000 Menschen – trotz der Verkäufer in Apple Stores weltweit, Facebook sogar nur 7.000. Auch die alten Industriegiganten von General Motors (GM) bis Daimler haben Hunderttausende Menschen beschäftigt – selbst heute noch beschäftigt GM über 200.000 Menschen, Daimler fast 300.000.

Der enorme Wohlstand, den die Tech-Unternehmen erschaffen, verteilt sich also über Gehälter auf deutlich weniger Köpfe als bei den Industriegiganten des 20. Jahrhunderts. Heute ist es dank Software möglich, mit sehr wenigen Mitarbeitern extreme Werte zu schaffen. Ein Extrembeispiel ist die Übernahme des sozialen Netzwerks Instagram durch Facebook 2012: Das Unternehmen zahlte damals eine Milliarde US-Dollar für ein Unternehmen, das seit zwei Jahren existierte und 13 Mitarbeiter beschäftigte. Dass global aufgestellte Unternehmen durch allerlei Tricks ihre Steuerlast in Ländern nahe null drücken können, in denen ein Großteil der Wertschöpfung stattfindet, verschärft das Problem der mangelnden Partizipation breiter Teile der Bevölkerung am Wohlstand natürlich zusätzlich.

Ist der Mensch nicht für Arbeit gemacht?

Es wird daher zur Notwendigkeit, sich von tief im gesellschaftlichen Bewusstsein über Generationen verankerten Vorstellungen und Ideen zu verabschieden: Nicht jeder kann es schaffen – nicht einmal viele –, allein durch Bildung, Fleiß und Ausdauer wohlhabend zu werden. Wenn der gesellschaftliche Frieden bewahrt werden soll, der uns seit dem Ende des Zweiten Weltkriegs in großen Teilen der westlichen Welt als Konstante begleitet, müssen wir eine breite gesellschaftliche Diskussion darüber beginnen, wie es uns gelingen kann, dass wieder eine breite Mehrheit der Bevölkerung vom technischen Fortschritt, der sich in Produktivitätsfortschritten zeigt, profitieren kann.

Natürlich entstehen auch immer wieder neue Jobs – und natürlich wird uns die Arbeit nicht ausgehen. Menschliche Arbeit wird auch im 21. Jahrhundert ein entscheidender Schlüssel für das weitere Wachstum des Wohlstands bleiben. Wir werden weiter Manager brauchen, Designer, Kreative, Programmierer, Ingenieure, Anwälte und Ärzte, die von Computern gefilterte Informationen auswerten und daraus Entscheidungen ableiten.

Eine gute Ausbildung – insbesondere eine Elitenförderung – bleibt die wichtigste Grundlage eines weiter wachsenden Wohlstands. Es ist aber auch eine bittere Wahrheit, dass nicht jeder, der gestern noch an der Kasse saß oder Taxi gefahren ist, zum Programmierer ausgebildet werden kann. Es gibt Grenzen der Qualifizierung – ein besseres Bildungssystem führt vor allem dazu, dass sich die Abstände vergrößern, weil das Potenzial jedes Einzelnen voll ausgeschöpft wird. Es werden immer neue Jobs entstehen – aber im Bereich der Geringqualifizierung werden das keine gut bezahlten mehr sein, so wie es in den vergangenen 40 Jahren der Fall war.

Und das Phänomen trifft längst nicht mehr nur die Geringqualifizierten. 1994 arbeiteten noch mehr als 779.000 Menschen in Deutschland bei Banken – 2016 waren es noch knapp 610.000. → 3 Mit fortschreitenden Verbesserungen im Bereich der künstlichen Intelligenz zielt das Phänomen weiter in die Mitte der Gesellschaft: Vieles, was Callcenter-Mitarbeiter heute machen, kann in wenigen Jahren automatisiert werden – nur die wirklich komplizierten Fälle werden dann noch zu Menschen durchgestellt.

Doch ist der Mensch nicht für Arbeit gemacht? Braucht er sie nicht in seinem Leben? Und ist nicht die Wertschätzung, die er von anderen für die eigene Arbeit erfährt – auch in Geld ausgedrückt –, ein wichtiger Faktor für Sinnstiftung im Leben?

Arbeit wurde bekanntermaßen nicht in allen Epochen der Menschheitsgeschichte als unverzichtbarer Bestandteil des Daseins jedes Menschen betrachtet. Im antiken Griechenland und Rom war Arbeit im heutigen Sinne etwas für Sklaven und die Unterschicht, die Oberschicht beschäftigte sich lieber mit Kunst, Philosophie und Müßiggang. Gerade aber der sinnstiftende Aspekt der Arbeit darf nicht unterschätzt werden. Dabei gibt es so viele Bereiche, in denen Menschen wertvolle Arbeit leisten können außerhalb klassischer Beschäftigung über Erwerbsarbeit – von Freiwilligenarbeit in verschiedenen Communitys über Kunst bis hin zur Pflege von Angehörigen. Eine der größten Aufgaben der digitalisierten Gesellschaft wird es daher sein, den Wert eines Menschen nicht mehr in erster Linie über die gesellschaftliche Stellung durch Erwerbsarbeit zu definieren.

Je länger diese Diskussion hinausgezögert wird und die Illusion von Vollbeschäftigung in Erwerbsarbeit als großes Ziel der Wirtschaftspolitik bestehen bleibt, desto wahrscheinlicher wird es, dass wir auf eine Situation zusteuern, in der sich das Paradigma unserer Wirtschaftspolitik erst durch massiven Druck ändert. Die Gefahr wäre groß, dass dann das Kind mit dem Bade ausgeschüttet wird – die Marktwirtschaft also insgesamt unter die Räder gerät, mitsamt ihrer vielen positiven Eigenschaften von Effizienz und Innovationsfähigkeit sowie der Fähigkeit, auch ohne wachsenden Ressourcenverbrauch den Wohlstand zu mehren. Es wäre sehr schade darum.

Stephan Dörner ist Tech-Journalist und Online-Chefredakteur von t3n, einem Magazin für digitale Wirtschaft. Er beschäftigt sich insbesondere mit den großen und kleinen Fragen der Digitalisierung und den Auswirkungen von Technologien auf Wirtschaft, Politik und Gesellschaft.

Quellen

1 **Economic Policy Institute** (2018). The Productivity–Pay Gap. EPI.org.

2 **Dubner, Stephen J.** (2015). How Safe Is Your Job? A New Freakonomics Radio Podcast. Freakonomics.com.

3 **AGV Banken** (2017). Anzahl der Beschäftigten im deutschen Kreditgewerbe in den Jahren von 1991 bis 2016. Statista.com.

NIKA WIEDINGER

No way back?

NIKA WIEDINGER

No way back?

Im Mai dieses Jahres fand der erste IfW-Workshop zu „Demokratie oder Technokratie?" im Haus der Kulturen der Welt in Berlin statt. Als letzter Impulsgeber des Tages vergegenwärtigte der Wirtschaftsphilosoph Wolf Dieter Enkelmann das aktuelle weltpolitische Umfeld. Die Dokumentation der abschließenden Diskussion der interdisziplinären Expertenrunde legt Spuren, die weiterzuverfolgen lohnend sein könnte.

Die Demokratie steht zur Disposition

Das Silicon Valley hat sich zu einem neuen Weltmachtzentrum aufgeschwungen. Mit ihren Unternehmungen meinen die neuen Erfinder der Zukunft die, so sagen sie es wörtlich, „veraltete Technologie" der Demokratie durch etwas Besseres ersetzen zu können. Damit fände, so Wolf Dieter Enkelmann, zugleich der libertäre Anti-Etatismus, der sich auch unter den Tech-Euphorikern mehr und mehr ausgebreitet hat, zu einem strategischen Ansatzpunkt, das Problem des Staates tatsächlich aus der Welt zu schaffen.

Das grundlegende Motiv seiner Überlegungen zu diesem Konzept der Überwindung des Staatlichen formuliert Enkelmann als Frage: „Die Dramatik von offenen Rechnungen zwischen den Völkern, von unbeglichenen geschichtlichen Schuldkonten und von bitteren, nur weggebunkerten Schmerzenslasten – wie viel emanzipatorisches Potenzial hat unsere durch und durch pragmatisch-funktionalistische Denkhaltung gegenüber derartigen atechnischen, adigitalen und alles andere als virtuellen, aber überaus geschichtsmächtigen Entwicklungsdynamiken in der Welt, wie wir sie heute haben?“

Tatsächlich eine veraltete Technologie?

In ihrem Selbstbewusstsein geben sich die Tech-Unternehmen unschlagbar. Politik und Staat brauche es künftig nicht mehr, Wirtschaft und Technik könnten das besser, so deren Überzeugung. Doch, so wendet Enkelmann ein: „Dürfen wir sicher sein, dass die Wortführer im Silicon Valley wissen, was sie da sagen?“ Das sei doch sehr zu bezweifeln. Denn die Differenz von Staat und Wirtschaft einzuziehen, hätte Konsequenzen, die auf lange Sicht durchaus auch für die Unternehmen der Tech-Avantgarde selbst existenzgefährdend werden könnten.

Mit dem Staat verschwände auch die politische Ökonomie. Damit gäbe es dann aber auch keine sich eigengesetzlich organisierende Autonomie des Wirtschaftens mehr. Und das hätte weitreichende Folgen; denn unser gegenwärtiges Wirtschaftssystem gewinnt seine eigentümliche Wirk- und Gestaltungskraft aus der Unterscheidung von Eigentum und Besitz. Ohne Staat bräche diese Unterscheidung weg. Fiele also der Staat künftig als Institution aus – und nichts anderes bedeute der Vorschlag aus dem Silicon Valley –, bliebe den Menschen nur mehr der Besitz und dessen Wirtschaftsweise.

Ohne Eigentum keine „Dispositionsfreiheit"

Die Verbesitzlichung der Ökonomie sei, präzisiert Enkelmann, aber längst nicht mehr nur ein abstrakt-theoretisches Problem. Die Schreckensherrschaft von diktatorischen Autokraten, die die Wirtschaftskraft ihres Landes unter ihre persönliche Kontrolle zu bringen trachten, und der Warlords, die um des persönlichen Vorteils willen ihre Länder mit Bürgerkrieg überziehen, zeuge davon: Besitzen heißt, Macht oder Verfügungsgewalt über eine Sache, über Ressourcen oder über Territorien auszuüben. Dazu brauche es kein Recht, im Zweifelsfall genüge eine Waffe. Nach Kriterien demokratischer Rechtsstaatlichkeit wäre das ein Regress in finstere Vorzeiten. Eigentum hingegen könne es nur geben, wo Recht und Gesetz etwas gelten. Denn was man mit seinem Besitz, seiner Habe oder seinem Vermögen in der Form von Eigentum machen kann, sei ausnahmslos von vertraglicher Art.

Erfindung der politischen Ökonomie

Besitz in Form von Eigentum – um diesen Paradigmenwechsel zu versinnbildlichen, erinnert Enkelmann an die Erfindung der politischen Ökonomie in der griechischen Antike: „Wer in Athen lebte, war, um existieren zu können, nicht ausschließlich an seinen Besitz gebunden, er war auch freier Bürger der Stadt. Durch seine Bürgerrechte hatte er auch noch eine externe Realität, unabhängig von seiner (Haus-)Wirtschaft, mit der er sein Dasein erwirtschaftete. Diese Konstruktion verschaffte ihm jene Dispositionsfreiheit – und nicht Verfügungsgewalt! – gegenüber seinem Besitz, die ihm zum Beispiel die Möglichkeit gab, seinen Besitz einfach zu verkaufen, während, wer in einer reinen Besitzwirtschaft seines Besitzes verlustig ging, auch selbst verloren war." Dispositionsfreiheit gegenüber seinem Vermögen zu haben und ausüben zu können, das sei die revolutionäre Erfindung der Eigentumswirtschaft gewesen, resümiert Enkelmann. Und mit diesen Freiheiten, ihr Eigentum zum Beispiel kreditwirtschaftlich verpfänden oder belasten zu können – auch das sei rein besitzlogisch völlig unmöglich –, rechneten natürlich auch die Unternehmen im Silicon Valley. Jenseits der politischen Ökonomie und ihrer Freiheiten gäbe es kein einziges von ihnen.

Sabine Scharff: „Der Zugriff auf Daten, von dem vorhin schon einmal gesagt wurde, dass Facebook und Co. dafür bezahlen müssten, weil die Daten einen enormen Wert für sie hätten – zeigt sich da nicht schon ein latenter Übergriff aus der Eigentums- in die Besitzlogik?

Das ist doch keine eigentumswirtschaftliche Verfahrensweise mehr, hier vollzieht sich doch auch die Ausübung von Verfügungsgewalt über – in diesem Fall eben technisch greifbare – Ressourcen. Bei diesem Geschäftsmodell, wie es für Unternehmen im digitalen Business gängig ist, von Gewalt zu sprechen, scheint mir nicht übertrieben. Der Datenzugriff findet ja einfach statt. Und, nicht gefragt zu werden, ist eine Form von Gewalt."

Bernhard Demuth: „Ich erinnere mich an die Anfänge des Internets in den 90er-Jahren, an die großen Diskussionen zwischen Europa und Amerika, an die Versuche zu verstehen, was man da eigentlich macht. Während die Europäer noch grübelten, haben die Amerikaner das IP-Protokoll einfach und sehr clever durchgesetzt. Während die Europäer noch am Schreibtisch saßen und rechneten, haben die Amerikaner es einfach gebaut. Und seither bauen die Amerikaner daran gnadenlos immer weiter. Das Motiv oder Mittel, wie ich es bei Cisco kennengelernt habe, war allerdings nicht unmittelbar Macht, sondern Innovation. Neues zu erfinden und das dann aggressiv in den Markt zu bringen, *to make money*, so funktioniert das in Amerika. Das tatsächliche Markenzeichen des Silicon Valley ist dabei aber: Eroberung. Meiner Meinung nach geht es mit der Entwicklung des Internets um die Fortsetzung, um die Komplettierung der Kolonialisierung. Wer das verstanden hat, erkennt auch die Gegenstrategie der Chinesen: Wir managen unser Milliardenvolk so, dass Schritt für Schritt wir die Internetherrschaft gewinnen. Der größte Konkurrent von Cisco etwa ist Huawei. Und die sind mittlerweile *top class*! Ich denke, zurzeit wird die Weltmachtfrage neu gestellt."

Wolf Dieter Enkelmann: „Schon der einst einflussreiche kanadisch-amerikanische Ökonom John Kenneth Galbraith nannte die amerikanische Wirtschaft eine vermachtete Ökonomie. Zwar hat man ökonomisch allem Anschein nach mit Machtfragen direkt nichts zu tun, dabei ist die Machtfrage aber über die beiden ökonomischen Begriffe Eigentum und Besitz systematisch durchaus immer schon mit im ökonomischen Spiel. Was Sie, Herr Demuth, schildern, ist im Grunde genommen die Vermischung zwischen einem kreditwirtschaftlich über Eigentum vermittelten Geldmachen und einem über Technik vermittelten besitzlogischen Zugreifen. Das ist aus meiner Sicht das, was Sie den fortgesetzten Kolonialismus nennen. Jetzt ziehen aber, wie Sie sagen, die Chinesen dagegen. Angesichts der strukturellen gesellschaftlichen, politischen oder auch ökonomischen Verantwortungslosigkeit des Silicon Valley hat man fast das Gefühl, als wenn die Chinesen genau dafür einen Instinkt hätten und sagten: ‚Jetzt übernehmen wir mittels des Staates für alle, die wir anstacheln, in der Systemoptimierung ihr Bestes zu geben, stellvertretend die Position der Verantwortung.'"

Raul Heimann: „Noch einmal zum Verhältnis von Demokratie und Technokratie: Lässt sich Demokratie nicht als Herrschaftstechnik verstehen?"

Nika Wiedinger: „Mir scheint das ein zu instrumentelles Politikverständnis. Lebenswerte Atmosphären herzustellen, das ist für Urbanität etwa existenziell, und Demokratie ist ja eine städtische Angelegenheit. Aber wie geht das? Die heutigen *smart city*-Konzepte setzen auf Infrastrukturen, die alles automatisch laufen lassen, ein bisschen wie im Schlaraffenland: Was ich will, kommt fast automatisch ins Haus. Automatisierte Demokratie sozusagen. Doch wie produziert man Atmosphäre, wie produziert man Gegenwart – oder Kultur? Da stoßen Herrschafts‚technik' und Technik überhaupt doch sehr an ihre Grenzen."

Pietro Sanguineti: „In der Tat, Atmosphäre – das Unvorhersehbare entstehen zu lassen, was sind das für praktische Kunstfertigkeiten? Mit dieser Frage ist man als Künstler ständig konfrontiert."

Martin Burckhardt: „In diesem Zusammenhang fällt mir das totale Europa ein, von dem Sie, Herr Enkelmann, vorhin gesprochen haben. Das finde ich sehr interessant und in meinem Kopf rattert sofort: die universale Maschine. Für mich ist die erste und machtvollste Maschine das Alphabet. Das Alphabet kann anders als die Philosophie, die das über Parmenides und andere nur mit großem Bohei hinbekommt, sehr einfach ein allgemeines Sein feststellen. Wenn ich sage, A = A = A, dann habe ich rein alphabetisch, formal und ohne weiteren Sinnanspruch, eine Entität gebaut, die ewig ist. Welche Kultur hat das? Die Griechen kamen zu einem Ich, weil sie im Prozess der Isomorphie damit begannen, sich als Typen gleichwertig nebeneinander zu fühlen, und darüber einen demokratischen Instinkt ausbildeten. Man kann das zum Beispiel an den hoplitischen Gemeinschaften sehen, die die Griechen dann entwickelt haben. Das waren kleine militärische Einheiten, die intern total demokratisch waren und darin im Grunde den Geist der Polis entfaltet haben, den Bürgersinn. Die Griechen waren nicht rassistisch, aber sie waren – und das ist die Wirkung der universalen Maschine des Alphabets, die sie erfunden haben – in der Tat kolonialistisch. Sie sagten sich, unser Alphabet kann auch alle anderen Sprachen abbilden, uns gehört die Welt. Daher die Demokratie, die nun aber gar nicht, wie Herodot etwa sagte, der entscheidende Wert ist. Entscheidend sei die Isonomia, die Gleichheit vor dem Gesetz. Und das ist auch die Geburt der Maschine: Im antiken Theater sorgte der Deus ex Machina für Gerechtigkeit, der Theaterkran wurde eingeführt, um Gerechtigkeit herbeizuführen. Die Begründung der griechischen Gesellschaft basiert auf einem phänomenalen Akt. Die Erinnyen, die Rachegöttinnen, die Vertreterinnen einer Bürgerkriegsökonomie, werden abgeschafft. Stattdessen werden die Eumeniden, die Wohlmeinenden installiert."

Wolf Dieter Enkelmann: „Sie werden verwandelt. Was heißt das? Was für eine Praxis ist das?"

Martin Burckhardt: „Eine Transsubstitution! Die Wohlmeinenden verwandeln sich zum Ferment der Gesellschaft und die Gerichtsbarkeit wird irdisch. Das ist der Augenblick, wo der Stolz auf die eigene Gesellschaft seinen Ursprung hat, verständlicherweise. Das Beispiel des Alphabets zeigt: Die Maschine ist ein unglaublich emanzipatives Moment. Die erste konkrete Maschine, mit der ich mich dann näher befasst habe, war der Räderwerkautomat, der historisch weit früher entstanden war, als Descartes diese weltgestaltende Realität gedanklich erfasst hat. Das ist auch so ein Phänomen, dass es erst das Ding gibt und dann den Denker. Aktuell leben wir zwischen zwei Welten, zwischen der Maschine des Räderwerks, die ist vorbei, die Mechanik ist vorbei, und der universalen Maschine des Computers, von der wir noch nicht wissen, was sie sein und wie sie wirken wird. Aber meine Prognose wäre grundsätzlich: Wenn wir eine Maschine benutzen, dann haben wir sie auch am Hals. Auch die Chinesen haben sie am Hals. Aktuell, Herr Demuth, mag deren Bürgerüberwachung noch funktionieren, aber die zunehmende Artikulationsfähigkeit lässt die Meinung eines jeden wichtig werden. Das ist eine vollkommene Veränderung des Paradigmas. Ich glaube nicht, dass die chinesische Partei-Autokratie die aktuellen Entwicklungen auf lange Sicht überlebt."

Technokratie wird nicht das Ende sein

Zum Abschluss seiner Exposition zu Staat und Wirtschaft kommt Wolf Dieter Enkelmann noch einmal auf den anti-etatistischen Affekt des Silicon Valley zu sprechen. Wenn die Demokratie nun tatsächlich durch die Technokratie ersetzt würde: Was wäre dann für die Zukunft zu erwarten? Aristoteles habe das in seiner Nikomachischen Ethik bereits so einfach wie überzeugend formuliert: Wenn immer nur eines um eines anderen willen gemacht wird, das wir wieder um eines anderen willen machen, dann geht das so ins Endlose fort, ohne je bei irgendetwas anzukommen. Um nun die Zweckrationalität vor dieser Art eines Umschlags in Zweckentfremdung zu schützen, führt Aristoteles etwas ein, das um seiner selbst willen begehrt wird und damit eben keinesfalls wieder nur Mittel zu einem Zweck ist. Dieses Etwas nennt Aristoteles das Glück. Aus heutiger Sicht müsse man, so Enkelmann, sagen: Um die

Zweckrationalität davor zu schützen, dass sie und damit alles und alle nur noch der reinen Maschinenreproduktion dienen, bräuchten auch wir so ein aristotelisches Um-seiner-selbst-willen, also etwas zum Ziel, das selbst keinem Zweck mehr dient.

Was bedeutet Glück?

Ein Blick in die Geschichte zeige, so Enkelmann weiter, dass der Technik ursprünglich einmal die Zwecke vorgegeben waren. Und zwar durch die Probleme, den Bedarf und die Wünsche, die die Menschen hatten. Technik sei das Mittel gewesen, diese Zwecke auch zu erfüllen. Inzwischen bestimme aber der jeweils mögliche technische Mitteleinsatz, welche Zwecke wir uns überhaupt setzen dürfen und sollen. Was Glück bedeuten kann, werde darüber immer nebulöser. Wenn eines Tages der komplette Umschwung stattgefunden haben wird und die technologische Entwicklung endgültig die Wünsche definiert und vorschreibt, dann seien wir in der Technokratie angekommen. Denn wenn die Bereitstellung wie die Beschaffung der Mittel vollständig zum Zweck der Unternehmung geworden ist, dann sei alles auf seinen Gebrauchswert reduziert. Und eben das, alles – und damit auch jede und jeden – auf seinen Gebrauchswert zu beschränken, würde dann auch der eigentliche Zweck sein – zum Nutzen der Technologie, nicht der Menschen. Das Ergebnis: Alle dienten dem Dienen. Freiheit, Herrschaftlichkeit, Souveränität und dergleichen würden dann zu etwas Unbegreiflichem. Ein Unterschied zur Dienlichkeit sei dann paradigmatisch überhaupt nicht mehr zu fassen. Und damit wäre auch der Demokratie und den Ansprüchen, die wir damit verbinden, jegliche Grundlage entzogen.

Neues Leitparadigma: das Nutzlose

Enkelmann schließt mit den Worten: „Da bin ich Alteuropäer, da vergieße ich Tränen. Ich meine aber – da bin ich ganz Aristoteliker –, dass die Technokratie scheitern wird, deren absolute Zweckrationalität wird in Zweckentfremdung umschlagen. Und was passieren wird, wenn das eintritt, ist eigentlich auch klar. Dann wird sich unweigerlich nur eines zeigen, nämlich, dass die ganze Unternehmung für die Katz war, für nichts. Wenn es soweit ist, kommt entsprechend auch ein ganz neues Leitparadigma in die Welt: das Nutzlose und Überflüssige. Und das wird eine echte, ja schockierende, mit den eingeübten Grundhaltungen und Weltanschauungen nicht mehr zu bewältigende Zumutung sein für einen gesellschaftlichen Betrieb voller Menschen, die es gewohnt sind, ihren Eigenwert allein noch darüber zu definieren, dass sie gebraucht werden. Damit fänden wir uns tatsächlich in einer neuen und ganz anderen Neuzeit wieder."

Wolf Dieter Enkelmann: „Diese neue Realität wird etwas ganz anderes sein, als was man bei Karl Marx geschrieben findet, der ja auch schon das Heil der Welt und das Reich der Freiheit heraufziehen sah, wenn durch den technologischen Fortschritt dereinst die totale Automatisierung des Notwendigen erreicht sein würde. Dieses kommunistische Paradies enthemmter Freizeitgestaltung – fischen, jagen oder auch ein Buch lesen, wann immer es einem beliebt –, das er da an den Himmel malt, das ist schon eine sehr kleinbürgerliche Vorstellung menschlicher Aristokratie. Sie passt allerdings bestens zur Wunschmaschine der Arbeitsgesellschaft. Wenn das künftig nun aber systembestimmender Alltag und nicht mehr nur Kompensation des Gegenteils und Erholung vom Arbeitsstress sein wird, dann wird das überhaupt erst Stress: Was ist das und wie geht das, das Management der eigenen Nutzlosigkeit und Überflüssigkeit? Das zu bewerkstelligen, wird eine völlig neue kulturelle Herausforderung."

Jochen Gimmel: „Wie ich das sehe, finden gerade zwei entscheidende Übergriffe statt, die zu einem möglichen Ende der Demokratie führen könnten. Zum einen versucht der ‚Homo Faber', in den Bereich der Praxis überzugreifen, der für Hannah Arendt der Handlungsbereich des politischen und nicht des technischen Handelns ist. In diesem Bereich des gemeinsamen Handelns ist nach Arendt systembedingt alles in gewisser Weise unkalkulierbar. Das ist auch klar, denn politisches Handeln ist spekulativ offen. Im Politischen ist die Unkalkulierbarkeit zu Hause. Dieser Bereich wird nun aber mehr und mehr von der Idee zweckgebundener Instrumentalität der ‚Techné' übernommen und dann als Herrschaftstechnologie gefasst. Für den anderen Übergriff spielt das Konzept des ‚Animal Laborans' eine entscheidende Rolle. Mit ihm ist die Idee der Arbeit zum Universalparadigma allen Handelns geworden. Was immer wir tun, wird infolgedessen, so Arendt, differenzlos nur noch als Arbeit verstanden und verständlich. Nichts anderem als allein der Form der Arbeitsproduktivität verstehen wir noch Wert zuzumessen oder Wertschöpfung zuzutrauen. Was daraus folgt, liegt auf der Hand: Selbst wenn wir die Mühen der Arbeit ganz abschafften, verstünden wir uns immer noch als Arbeitende – und lebten mit diesem Selbstverständnis dann in einer total virtuellen Welt, in einem System, das auf dauernde Reproduktion dessen, was je schon da ist, ausgelegt ist und alles, was sich verändert, alle Innovationen nur da hinein investiert. Reproduktivität ist nun einmal das Prinzip der Arbeit als Erwerbsprinzip. Darüber kann dann auch die ganze Welt verloren gehen in einer nur mehr künstlichen Natürlichkeit. Ich selbst befasse mich seit einer Weile schon mit der alten europäischen Tradition der Muße. Von daher bin ich natürlich leidenschaftlich dafür, sich um Fragen der Überflüssigkeit Gedanken zu machen und dem sehr viel zuzugestehen. Hier müsste man tatsächlich ansetzen und weiterdenken, gerade auch im Hinblick auf die Politik. Die Politik wäre als eine Handlungssphäre neu zu verstehen, die durch ihre Überflüssigkeit überhaupt erst ermöglicht wird, als Politik der Freiheit, die nicht nottut, gerade so aber guttut. Und auch andersherum: ohne Politik keine Muße, keine Freigabe von dem, was sein muss. Auch das darf man im Kopf haben, wenn sie im Silicon Valley sagen: ‚Wir können das besser!'"

Birger P. Priddat: „Ich möchte noch einmal auf Karl Marx zurückkommen. Sein Modell von wenigen Stunden Arbeit und dann jeder Menge freier Kreativitätsentfaltung ist im Grunde gescheitert. Bei den

Marxisten höre ich dazu immer, das läge an der Sozialdemokratie. Die hätte das Konzept verdorben, weil sie die Revolution verhindert und dafür die Wohlfahrt eingeführt hat. Die allgemeine Wohlfahrt basiert nun auf der Steigerung der Produktivität mit Produktivlöhnen, die die Produktivität in den Lohnsteigerungen abbilden und so erhöhte Einkommen durch Arbeit ermöglichen, was dann wiederum eine erhöhte Nachfrage im Freizeitbereich mit sich bringt. Minderung der Arbeitszeit, erhöhter Freizeitbereich – auch der Freizeitbereich muss gekauft werden –, das ist die *welfare base*. Und all das ist jetzt gefährdet, weil wir über weltweite Entdemokratisierungsimaginationen oder -illusionen – was man heute populistisch nennt – Befürchtungen haben, dass die Leute von der Demokratie nichts mehr halten, weil sie entweder nicht mehr glauben, dass ihr Wohlfahrtsstatus aufrechterhalten werden wird, mit der Folge, dass sie ärmer werden, oder aber, weil sie Steigerungserwartungen haben, die durch die Politik nicht erfüllt werden. Und beides gefährdet die Demokratie. Daher haben wir mittlerweile offene Diskurse darüber, ob wir nicht andere politische Formen diskutieren sollten. Die Digitalisierung ist nun, glaube ich, ein Versuch, das *welfare*-System auf eine neue Ebene zu heben. Nämlich durch die Verbilligung der Zugangsmedien. Was wir erleben, ist ja eine ungeheure Kostenreduktion von und durch Technologie. Es gibt leichte Zugänge zu optimierten Angeboten, sodass man auch mit wenig Geld vernünftig zwischen Alternativen wählen kann und nicht abhängig ist von irgendeinem zufällig in der Nähe angebotenen Einfachschrott. Dergleichen Aspekte gehören ja auch dazu bei all dem, was wir bislang kritisch gegen das System gehalten haben. Wie wäre es, wenn das bestehende System all das als seine positive Antwort sähe, womit es die Massen befriedigen könne, damit sie die Demokratie oder das System, das wir haben, weiter tragen?“

Martin Burckhardt: „Aber wovor soll dieses Sedativ schützen?“

Birger P. Priddat: „Vor Autokratie! Denn das verträgt unsere Wirtschaft nicht, sie braucht offene Märkte. Was politisch in den USA passiert, das passt den Technikunternehmen überhaupt nicht. Da wird sich noch vieles reiben. Und wir haben in Europa mittlerweile genauso viel Populismus. Doch wie gehen wir damit eigentlich um? Wir diskutieren politisch und rein politisch, bis hin zu Fragen wie: Haben wir das richtige Personal? Werden charismatische Parteien kommen und den Laden übernehmen? Aus den USA höre und lese ich, dass die dort inzwischen eine Verbindung herstellen zwischen dem aktuellen wirtschaftlichen und dem parallelen politischen Geschehen, während wir noch entweder allein über Wirtschaft sprechen *oder* allein über Politik. Über Wirtschaft *und* Politik nachzudenken, das ist etwas ganz anderes. Aber wir hier haben immerhin, in Ansätzen, schon einmal damit angefangen."

Wolf Dieter Enkelmann: „Ich würde die ganze Entwicklung einmal mit einem Begriff konfrontieren wollen: Fin de Siècle. Das ist doch alles Endzeitgesang!"

Birger P. Priddat: „Nein, wir erleben eine Zeitenwende!"

Martin Burckhardt: „Könnte man das nicht auch anders auffassen? Ich habe eben schon an Rousseau gedacht und an diesen Dämon, den er in seinem ‚Contrat Social' konstruiert und der alle Leidenschaften der Menschen kennt, ihnen aber nicht unterliegt. Und wir vertrauen dem Internet ja auch Intimitäten an, die wir keinem anderen sagen. Wenn ich diesen Dämon, nehmen wir an mit Recht, als Spiegelstadium, als Imagination ins Spiel bringe, kann ich nur sagen: Es gibt ihn! Er ist auf der anderen Seite, als ein Wissen. Er weiß Dinge über Menschen, die der Mensch gar nicht wissen will. Über das Internet arbeiten wir Dinge auf, die zuvor kulturell subversiv eingehegt waren. Eben diese Dinge können wir nun sichtbar machen. Dann sehen wir Figuren wie Trump, das Pandämonium der merkwürdigsten Perversionen, wie zum Beispiel Autokratie in Reinform. Es ist doch ein echter Mehrwert, ohne Illusionen zu sehen, wie das Humanum wirklich ist! Vielleicht könnten wir das auch für gut heißen. Wir könnten sagen, der Dämon ist da und der Spiegel des Internets kann uns den Blick für uns selbst weiten. Pico della Mirandola dachte in diese Richtung. Er begründete die Würde des Menschen damit, dass der Mensch ein Chamäleon sei – das muss man sich auch einmal auf der Zunge zergehen lassen. Jetzt sehen wir diese Chamäleons in Reinform. Wir sehen jetzt, durch welche Stadien der Mensch geht!"

Wolf Dieter Enkelmann: „So wahrgenommen ist das alles sehr versöhnlich!"

Bernhard Demuth: „Das Fin de Siècle unterschreibe ich mit Freude. Es gibt, scheint mir, eine enorme Hoffnung, dass Dinge geschehen werden, die wir heute überhaupt noch nicht erahnen. Wir haben einen Abschied vor uns, ja. Den kann man auch feiern, aber es ist ein Abschied."

Hernán Cortés weist den Weg

Auf das Ende der Sitzung angesprochen, macht Priddat noch einmal die Praxis stark. Das Transformative käme durch die Praxis, die Sharing-Ökonomie brächte ganz neue Möglichkeiten mit sich. Zum Beispiel in der Automobilindustrie änderte sich gerade alles. Da stünden wir am Anfang eines neuen Zeitalters.

Yannick Sonnenberg: „Wir führen gerade eine Diskussion, die mit den Begriffen Konsument, Produzent arbeitet. Hier steht das böse Kapital, hier das Unternehmen und da der arme Arbeiter, der versucht, von seinen Groschen die Volksbühne zu finanzieren. Das ist so nicht mehr up to date. Wir erleben gerade eine enorme Emanzipation eines, wie ich es nenne, Prosumenten. Das hat überhaupt nichts Dystopisches oder Entfremdendes, sondern ganz im Gegenteil, das hat etwas Aktives, etwas Kreatives, etwas Dynamisches im Denken."

Martin Burckhardt, in seiner Art ebenfalls ein Bewunderer dessen, was die technologische Praxis aktuell hervorbringt, lässt sich durch die Ausführungen Priddats zu einer generellen Gegenrede provozieren. Vielleicht wäre es doch ein Fehler, zum Beispiel allzu sehr auf Hybrid-Produkte zu setzen. Vielleicht gälte es eben jetzt, allen Mut aufzubringen und nicht verzagt an alten Systemen hängen zu bleiben. Cortés, der seinerzeit für die Spanier die Neue Welt entdeckte, habe das Problem auch schon gekannt. Seine Lösung: Er verbrannte, auf dem neuen Kontinent angekommen, in einem großen symbolischen Akt erst einmal all seine Schiffe, womit er seiner Mannschaft unmissverständlich klargemacht habe: „There is no way back!"

Nika Wiedinger ist Philosophin und Mitgründerin des Instituts für Wirtschaftsgestaltung Berlin, eines Thinktanks zur Wirtschaftsphilosophie in Theorie und Praxis. Sie leitet das Servicebüro des IfW.

Teilnehmerinnen und Teilnehmer

Bodo Baumunk, Volkskunde, Ausstellungskurator
Martin Burckhardt, Technikphilosophie, Autor
Erich Colsman, Ökonomie, Gebrüder Colsman
Birgit Degenhardt, Schöpflin Stiftung
Bernhard Demuth, Ökonomie, Philosophie, ehem. Cisco Systems
Wolf Dieter Enkelmann, Wirtschaftsphilosophie, IfW
Jochen Gimmel, Philosophie, Universität Freiburg
Raul Heimann, Philosophie, Freie Universität Berlin

Lars Immerthal, Ökonomie, Alex & Verne, Universität Witten/Herdecke
Mads Pankow, Technikphilosophie, Bauhaus-Universität Weimar, Autor
Birger P. Priddat, Wirtschaftsphilosophie, Univ. Witten/Herdecke
Bastian Ronge, Wirtschaftsphilosophie, Humboldt-Universität Berlin
Pietro Sanguineti, Bildende Kunst, Conceptual Pop
Sabine Scharff, Wirtschaftsphilosophie, Universität Freiburg, IfW
Johanna Schindler, Kulturwissenschaft, Haus der Kulturen der Welt
Wolfgang Schivelbusch, Kulturhistorik, Autor
Hans Schöpflin, Ökonomie, Unternehmer, Schöpflin Stiftung
Sören Schuster, Wirtschaftsphilosophie, Universität Kiel
Yannick Sonnenberg, Ökonomie, Philosophie, zero 360
Nika Wiedinger, Wirtschaftskultur, IfW
Beat Wyss, Kunsthistorik, Staatliche Hochschule für Gestaltung Karlsruhe (HfG)

—

Die Workshop-Reihe des IfW zu „Demokratie oder Technokratie?“ wird unterstützt durch die Hans Sauer Stiftung, die Schöpflin Stiftung und durch die Das Studio Trusted Brand Production.

MARTIN RECKE

Digital Fix –

Fix
Digital

MARTIN RECKE

Digital Fix – Fix Digital

Zu Beginn dieses Jahres erregte Arianna Huffington viel Aufmerksamkeit mit ihrem Essay, der die Zeichen eines großen Erwachens in der Technologiebranche aufzeigte. → 1 Das Stück ist eine gute, aber eher deprimierende Lektüre. Und es ist nur eine von vielen Stimmen aus der digital bewegten Welt, die Entwicklungen auf der ganzen Welt analysieren und beschreiben, die unvorhergesehen waren – manche sogar unbeabsichtigt – und die nun einer Korrektur bedürfen, so scheint es.

Im vergangenen Jahr haben wir uns auf der NEXT Conference eingehend mit der Frage beschäftigt, warum digital nervt. → 2 In diesem Jahr ist es an der Zeit, darüber zu diskutieren, wie wir den digitalen Raum wieder in den Griff bekommen, bevor er uns in den Griff bekommt.

Digital Ego

Bevor wir dies tun können, müssen wir einen genaueren Blick in den Spiegel werfen und unsere digitalen Egos hinterfragen. → 3 Sind wir noch Menschen? Oder glauben wir wirklich, dass in einer nicht so fernen Zukunft die KI den Menschen als höchste Lebensform auf Erden ablösen wird?

Das würde bedeuten, dass es nichts wirklich Menschliches gibt, das nicht von Maschinen automatisiert oder zumindest simuliert werden könnte. Für mich klingt das wie eine alptraumhafte Dystopie.

Warum um alles in der Welt sollten wir Maschinen erschaffen, die möglicherweise die gesamte Menschheit versklaven könnten? Aber hey, das haben wir bereits mit der Schaffung von Facebook getan, zumindest teilweise. Oder, um allgemeiner zu sein, hat sich nicht das gesamte Internet in diese Menschen versklavende Maschine verwandelt? Haben wir unseren Verstand schon an die KI abgetreten? → 4 Es gibt einen schmalen Grat zwischen unserer Abhängigkeit von einer notwendigen Infrastruktur und einer Droge. Das Internet war als erstere gedacht, hat sich aber für viele zur letzteren entwickelt.

Einer der frühen Propheten des Untergangs war der Schriftsteller Jonathan Franzen, der die Dinge schon eine Weile kommen sah. Hier ist ein Zitat aus *The Atlantic* (2013): → 5

"In the mid-'90s, when I started to feel worried about what was happening to literature with the introduction of the third screen, and with the increasingly materialistic view of human nature that psychopharmacology was producing, I was looking for some way to describe how technology and consumerism feed on each other and take over our lives. How seductive and invasive but also unsatisfying they are. How we go back to them more and more, because they're unsatisfying, and become ever more dependent on them. The groupthink of the Internet and the constant electronic stimulation of the devices start to erode the very notion of an individual who is capable of, say, producing a novel. The phrase I reached for to describe all this was 'an infernal machine'. Something definitionally consumerist, something totalitarian in its exclusion of other ways of being, something that appears in the world and manufactures our desires through its own developmental logic, something that does damage but just seems to keep perpetuating itself."

Kurzum, die Technologie hat den Konsumismus geheiratet und sich in eine höllische Maschine verwandelt. Dieser Techno-Konsumismus frisst jetzt unser Leben auf. Wir leben in einer Welt, in der Technologie als Lösung für jedes nur erdenkliche Problem verehrt wird. Das Silicon Valley hat bereits damit begonnen, seine religiösen Überzeugungen zu institutionalisieren. → 6 Aus Mangel an einem besseren Begriff nennt der Schweizer Unternehmer Wolfram Klingler diese neumodische Religion *Digitalismus*. → 7 Der Autor und Akademiker John Naughton spricht von der *Church of Tech(nopoly)*. → 8

Eines der zentralen Themen der Religion ist das Verhältnis von Freiheit und Abhängigkeit. Unsere Abhängigkeiten in angemessener Weise anzuerkennen, ist eine Voraussetzung für unsere Freiheit. Sonst verstricken wir uns in einen epischen Kampf mit dem Unbekannten. Für jeden Süchtigen ist der unvermeidliche erste Schritt, sich ehrlich über seine Sucht zu äußern. Wir müssen zugeben, dass wir unserem digitalen Fix gegenüber machtlos sind.

Aber was dann? Das klassische Zwölf-Schritte-Programm bezieht sich auf eine höhere Macht, die uns zur Vernunft bringen könnte. Wo finden wir diese höhere Macht? In Zeiten des Internets, der wohl mächtigsten technologischen Schöpfung aller Zeiten, ist das keine leichte Aufgabe. Mögliche Kandidaten sind neben Gott die Natur, das Bewusstsein, die existenzielle Freiheit oder die Wissenschaft. Unabhängig davon, auf welche höhere Macht wir uns beziehen, betreten wir das Reich des Glaubens.

Und da liegt das Problem. Die Filterblasen von Google und Facebook bestätigen ständig unsere bereits bestehenden Überzeugungen, wie der Wagniskapitalgeber und frühe Facebook-Berater Roger McNamee betont: → 9

"The result is that everyone sees a different version of the internet tailored to create the illusion that everyone else agrees with them. Continuous reinforcement of existing beliefs tends to entrench those beliefs more deeply, while also making them more extreme and resistant to contrary facts."

Das ist eine interessante Beobachtung. Offensichtlich hat uns die technologische Entwicklung gezwungen, die großen Fragen des Lebens, einschließlich unserer Glaubensgrundsätze, neu zu überdenken. Das ist eine gute Sache, als erster Schritt. Aber all die notwendigen Überlegungen allein lösen unsere Probleme nicht. Wenn wir nicht wollen, dass unsere eigenen Artefakte – wie Technologie, Internet, Facebook oder KI – zu unseren Herrschern werden, brauchen wir eine gewisse Form der Intervention. Andernfalls könnten die Dinge außer Kontrolle geraten.

Oder vielleicht sind sie es schon, und wir müssen die Kontrolle wiederherstellen. Das Internet selbst wurde so dezentral wie möglich angelegt, um möglichst ohne zentrale Instanz zu funktionieren und die Kontrolle so gleichmäßig wie möglich zu verteilen. Es ist eine besondere Ironie, dass das Internet gleich eine ganze Reihe der mächtigsten Unternehmen der Geschichte hervorgebracht hat: Google, Apple, Facebook und Amazon, oder kürzer: GAFA. Ganz zu schweigen von anderen Global Playern wie Tencent oder Alibaba.

Die heftige politische Debatte nach den US-Wahlen 2016 hat gezeigt, dass die Bereitschaft des politischen Systems zur Intervention wächst. Marketingprofessor Scott Galloway postuliert, dass die GAFA-Unternehmen zerschlagen werden sollten. → **10** Sie sind zu mächtig geworden, und sie bedrohen den Kapitalismus, anstatt ihn zu stärken, argumentiert er. Sogar Tech-Analyst Ben Thompson plädiert gelegentlich für Regulierung. → **11**

Digital sucks

Das Internet ist auf einer bestimmten Ideologie aufgebaut, manchmal auch als kalifornische Ideologie bezeichnet. → **12** Sie hat ein starkes libertäres Element, das in den höheren Rängen der Technologiebranche auch heute noch weitverbreitet ist, vgl. das alte Mantra von Facebook:

move fast and break things. Ein weiterer, gewissermaßen paradoxer Aspekt ist der technologische Determinismus des Silicon Valley – die Annahme, dass die Technologie einer Gesellschaft die Entwicklung ihrer sozialen Struktur und ihrer kulturellen Werte bestimmt. Zunehmend sieht unsere Welt genau so aus, aber sollte es nicht eigentlich umgekehrt sein?

Bereits 2011 kam der britische Dokumentarfilmer Adam Curtis zu dem Schluss, dass die kalifornische Ideologie ihren Ansprüchen nicht gerecht wurde: → 13

"The original promise of the Californian Ideology was that the computers would liberate us from all the old forms of political control, and we would become Randian heroes, in control of our own destiny. Instead, today, we feel the opposite – that we are helpless components in a global system – a system that is controlled by a rigid logic that we are powerless to challenge or to change."

Es ist an der Zeit, die Ideologien des Silicon Valley zu überwinden. Zu ihren wichtigsten Annahmen gehört, dass digital gleich Fortschritt ist und dass das menschliche Gehirn ein Computer ist (oder zumindest wie ein Computer funktioniert). Beides ist nicht wahr. In den letzten Jahren haben wir auf die harte Tour gelernt, dass die digitale Technologie nur ein Werkzeug wie andere Werkzeuge ist und für alle möglichen Zwecke eingesetzt werden kann, seien sie progressiv oder reaktionär. Das bedeutet, dass wir als digitale Industrie ein Mittel zum Zweck sind; und als solches sind wir nicht von jeglicher Kritik ausgenommen, sollte sich das Ziel als umstritten erweisen.

Die zweite Annahme ist noch wesentlich bedenklicher. Das menschliche Gehirn als Computer ist eine starke Metapher, aber sie ist völlig falsch und sollte so schnell wie möglich aufgegeben werden, meint der Psychologe Robert Epstein. → 14 Diese Metapher hilft uns weder, die Funktionsweise unseres Gehirns besser zu verstehen, noch, unseren technologischen Fortschritt besser zu beleuchten. Stattdessen fördert sie eine Sicht des Menschen als Entitäten, die emuliert, ersetzt und durch Maschinen abgelöst werden können (und womöglich auch sollten), die alles tun, was der Mensch kann – aber besser, schneller und billiger.

Hilfreicher ist es, Menschen und Maschinen an zwei gegenüberliegenden Enden eines Spektrums zu sehen. Computer sind sehr gut in Dingen, in denen Menschen schlecht sind, und umgekehrt. Aus dieser Sicht wird die Singularität (die Verschmelzung von Mensch und Maschine) sehr unwahrscheinlich. So ist der ganze Denkzug der Singularität fehlerhaft und wird unweigerlich in einem Zugunglück enden. Auf Wiedersehen, Ray Kurzweil, bis 2045. → **15**

Darüber hinaus hat die Vorstellung, dass intelligente Technologien bald die meisten, wenn nicht alle unserer Jobs übernehmen werden, was wiederum ein bedingungsloses Grundeinkommen erfordert, um die Massen von Arbeitslosen zu beruhigen, einen starken Geruch von Totalitarismus. → **16** In *The Origins of Totalitarianism*, veröffentlicht 1951, schrieb die politische Theoretikerin Hannah Arendt: → **17**

"We may say that radical evil has emerged in connection with a system in which all men have become equally superfluous."

Die libertäre Ideologie des Silicon Valley hat eine dunkle, autoritäre Seite. Man kann es vielleicht als eine neue Hochmoderne ohne starke staatliche Autorität bezeichnen, während das ungebrochene Vertrauen in Wissenschaft und Technik als Mittel zur Neuordnung der sozialen und natürlichen Welt erhalten bleibt.

Keines dieser Experimente, weder Totalitarismus noch Hochmoderne, endete gut. Warum also nicht aus der Geschichte lernen?

Digital Fix

How to Fix the Future ist das neueste Buch von Andrew Keen. → **18** Er hat sich schon früh als digitaler Skeptiker und Internetkritiker profiliert (und wurde dafür viel verspottet). Dank seiner klassischen Bildung konnte er einige gefährliche Trends mindestens zehn Jahre früher als andere erkennen. In drei Büchern erklärte er, wie das heutige Internet unsere Kultur tötet, → **19** wie die soziale Revolution uns spaltet, schwächt und desorientiert, → **20** und schließlich, dass das Internet nicht die Antwort ist. → **21**

Und er bleibt einen Schritt voraus. Um die unzähligen Probleme zu lösen, vor denen die digitale Welt im Jahr 2018 steht, verweist Andrew auf einen humanistischen Ansatz – intelligente Menschen statt intelligente Technologie. Auch das ist wahrscheinlich für die Technikgemeinde ein Gräuel. Diese Religion glaubt grundsätzlich, dass jedes Problem durch Technologie gelöst werden kann und sollte. Im Gegensatz dazu stellt der digitale Humanismus den Menschen (die Leute, die früher als Nutzer bekannt waren) an die erste Stelle und gibt der Technologie ihre eigentliche Rolle als Mittel zum Zweck zurück.

Dies erfordert natürlich eine Definition dessen, was menschlich ist. Und das ist nicht selbstverständlich. Heute denken wir oft entweder an eine kommende Singularität von Mensch und Technik oder an eine ewige Dualität zwischen Mensch und Maschine – und auch zwischen der Technologieindustrie und dem Rest der Welt, wie Keen bemerkt. Um zu verstehen, wer wir sind, muss man wissen, woher wir kommen. Und diesen Blick in den Rückspiegel hat es schon einmal gegeben.

Die Humanisten des 14. Jahrhunderts lösten eine Kulturrevolution aus, die in der Renaissance ihren Höhepunkt erreichte. Sie knüpften wieder an das Menschheitserbe der Antike an und nutzten es für die Herausforderungen ihrer Zeit an der Schwelle zur Frühen

Neuzeit. Diese Bewegung war eng mit der Bildung verbunden – tatsächlich geht das, was wir heute noch als klassische Bildung bezeichnen, auf den Humanismus der Renaissance zurück. Was wir heute brauchen, ist eine neue Kulturrevolution, eine neue Renaissance, ein digitaler Humanismus.

Aber es gibt keine Silberkugel, keine Patentlösung. Weder der freie Markt an sich noch staatliche Regulierung allein können die Probleme der digitalen Revolution lösen, schreibt Andrew Keen:

“What’s needed, instead, is a strategy combining regulation, civic responsibility, consumer choice, competitive innovation, and educational solutions. It was this multifaceted approach that eventually fixed many of the most salient problems of the industrial revolution. And today we need an equally combinatorial strategy if we are to confront the many social, economic, political, and existential challenges triggered by the digital revolution.”

Er fasst seine fünf Punkte für die Reparatur der Zukunft wie folgt zusammen:

- staatliche oder gesetzliche Regulierung
- wettbewerbsfähige Innovation
- soziale Verantwortung der Bürger
- Wahlfreiheit der Verbraucher
- Bildung

Es ist wichtig zu beachten, dass für eine erfolgreiche Neuausrichtung alle fünf Strategien kombiniert werden müssen. Wir brauchen ein ausgewogenes Verhältnis von Regulierung und Innovation sowie eine Erneuerung der Bildung mit neuen Möglichkeiten, uns ständig weiterzubilden und die nächsten Generationen auf eine Weise zu erziehen, die die Welt widerspiegelt, in der wir leben werden. Aber der Schlüsselfaktor wird sein, wie wir als soziale Wesen, als Unternehmensleiter, als Bürger und als Verbraucher verantwortlich handeln. Um JFK zu paraphrasieren: Fragen Sie nicht, was Ihre digitale Welt für Sie tun kann – fragen Sie, was Sie für Ihre digitale Welt tun können!

Im September 2017 unterzeichneten rund 150 Personen, von Unternehmern über Designer bis hin zu Philosophen, den *Copenhagen Letter*. Bis April 2018 zählte er mehr als 4.200 Unterschriften. Der Brief, der sich an alle richtet, die heute Technologie gestalten, ist ein kurzes, prägnantes Manifest, das viele der Themen behandelt, die wir bisher diskutiert haben. So fängt es an:

“We live in a world where technology is consuming society, ethics, and our core existence. It is time to take responsibility for the world we are creating. Time to put humans before business. Time to replace the empty rhetoric of ‘building a better world’ with a commitment to real action. It is time to organize, and to hold each other accountable.”

Der Brief fährt dann mit fünf Punkten fort und erklärt, dass

- die Technik nicht über uns steht,
- Fortschritt mehr als Innovation ist,
- wir digitale Bürger brauchen, nicht nur Verbraucher,
- Design für Sucht, Täuschung oder Kontrolle nicht toleriert wird und
- Human-Centred Design durch Humanity-Centred Design ersetzt werden muss.

Der Text fordert sogar eine neue Renaissance. Wie cool ist das?

Im November 2017 plädierten Rob Girling und Emilia Palaveeva für ein humanitätsorientiertes (Humanity-Centred) Design und skizzierten, wie sich die Designdisziplin vom Paradigma des Human-

Centred Design lösen sollte. → **22** Ihre Frage ist: Gestalten wir eine Welt, in der wir alle heute und morgen leben wollen? Im Februar 2018 stellte Tristan Harris eine neu gegründete Koalition von Technologieexperten mit dem Namen *Center for Humane Technology* vor, mit der die vor drei Jahren gegründete Initiative *Time Well Spent* einen neuen Namen erhielt.

Das Zentrum setzt auf humanes Design als Lösung. Die Unterschiede, falls vorhanden, sind subtil. Vielleicht sollten wir also einen sechsten Punkt auf die Liste setzen: humanes (oder humanitätsorientiertes) Design. Und wenn wir schon dabei sind: Warum nicht das gesamte Internet, also die technologische Plattform, neu gestalten? → **23** Wir brauchen Technik und, neben Design, auch Regulierung, Bürgerverantwortung, Wahlmöglichkeiten für die Verbraucher, Innovation und Bildung.

Um es in Begriffen des Produktdesigns auszudrücken: Wir brauchen ein solides Produktmanagement für das Internet. Aber wer soll der Product Owner sein? Die einzig mögliche Antwort ist: wir, die Menschen.

Viel zu lange hat die Digitalwirtschaft nicht bemerkt, dass sie nicht nur veraltete Geschäftsmodelle, sondern auch die Struktur der Gesellschaft zerstört. Das muss sich ändern, und das wird sich früher oder später auf die eine oder andere Weise ändern. Ja, die Gesellschaft wird sich in der Tat durch die digitale Revolution grundlegend verändern, und dies ist bereits geschehen.

Das ist unvermeidlich und nicht unbedingt von Nachteil. Aber die Richtung der Veränderung ist nicht durch irgendwelche fundamentalen Kräfte der Technologie selbst vorgegeben. Wir, die Menschen, müssen an der Spitze der technologischen Innovation stehen, um zu verstehen, was geschieht, und den Wandel voranzutreiben.

Das ist unsere soziale Verantwortung. Und das ist es, was uns überhaupt erst zu Menschen macht.

Martin Recke ist Mitbegründer der NEXT Conference und Redakteur bei SinnerSchrader. Dieser Beitrag erschien im englischen Original bei nextconf.eu. → 24

Quellen

1 **Huffington, Arianna** (2018). The Great Awakening. How our thinking about technology fundamentally changed in 2017 and where we go from here. ThriveGlobal.com.

2 **Recke, Martin** (2017). Digital Sucks! nextconf.eu.

3 **Recke, Martin** (2016). It's me, your digital ego. nextconf.eu.

4 **Weigert, Martin** (2018). Humans have handed over their minds to the AI. Medium.com.

5 **Franzen, Jonathan** (2013). In Fassler, Joe (2013). Jonathan Franzen on the 19th-Century Writer Behind His Internet Skepticism. TheAtlantic.com.

6 **Harris, Mark** (2017). God Is a Bot, and Anthony Levandowski Is His Messenger. Wired.com.

7 **Klingler, Wolfram** (2017). Silicon Valley's Radical Machine Cult. Motherboard.vice.com.

8 **Naughton, John** (2017). Why we need a 21st-century Martin Luther to challenge the church of tech. TheGuardian.com.

9 **McNamee, Roger** (2018). How to Fix Facebook – Before It Fixes Us. WashingtonMonthly.com.

10 **Warren, James** (2017). Why Google, Facebook, Amazon and Apple should be broken up. VanityFair.com.

11 **Thompson, Ben** (2017). Why Facebook Shouldn't Be Allowed to Buy tbh. Stratechery.com.

12 **Barbrook, Richard et al.** (1996). The Californian Ideology. Science as Culture.

13 **Curtis, Adam** (2011). All Watched Over by Machines of Loving Grace. BBC television documentary series.

14 **Epstein, Robert** (2016). The empty brain. Aeon.co.

15 **Galeon, Dom et al.** (2017). Kurzweil Claims That the Singularity Will Happen by 2045. Futurism.com.

16 **Sacasas, Michael** (2018). Superfluous People, the Ideology of Silicon Valley, and The Origins of Totalitarianism. TheFrailestThing.com.

17 **Arendt, Hannah** (1951). The Origins of Totalitarianism. Schocken Books.

18 **Keen, Andrew** (2018). How to Fix the Future. Atlantic Monthly Press.

19 **Keen, Andrew** (2007). The Cult of the Amateur: How Today's Internet is Killing Our Culture. Crown Business.

20 **Keen, Andrew** (2012). Digital Vertigo: How Today's Online Social Revolution Is Dividing, Diminishing, and Disorienting Us. St. Martin's Press.

21 **Keen, Andrew** (2015). The Internet Is Not the Answer. Atlantic Monthly Press.

22 **Girling, Rob et al.** (2017). Beyond The Cult Of Human-Centered Design. FastCompany.com.

23 **Baker, David** (2017). The internet is broken. Wired.co.uk.

24 **Recke, Martin** (2018). Digital Fix – Fix Digital. nextconf.eu.

TOBIAS

REVELL

Die
Imaginationsfalle

TOBIAS REVELL

Die Imaginationsfalle

Düstere Narrative von einer Techno-Apokalypse haben einen seltsamen Reiz. Vor ein paar Jahrzehnten wurden sie in der Regel in das verfemte Genre von Science-Fiction-Literatur und -Kino verbannt, aber sie haben sich allmählich in den Mainstream eingeschlichen und sind zu einem dominanten Bestandteil der Populärkultur geworden. Der enorme Erfolg von *Black Mirror* gibt der düsteren Technologiekritik eine populäre Stimme, wo es vorher nur den nicht beweisbaren Tech-Demo-Optimismus von Shows wie *Tomorrow's World* gab. Es ist ein Käufermarkt für Katastrophen. Und wie sich die Apokalypsen vermehren und in das Bewusstsein der Bevölkerung sickern, so auch die Analysen – warum sind wir (Disclaimer: Der Ausdruck „wir" wird in diesem Essay großzügig verwendet und bezieht sich natürlich auf das konviviale „wir" von Ihnen und mir) plötzlich so besessen von unserem eigenen Untergang als Zivilisation oder Spezies?

Tatsächlich ist das nicht allzu modern oder unvermittelt; es ist eines der vielen lähmenden Phänomene unserer totalen und immersiven Medienumgebung, die von unserer Sucht nach Inhalten angetrieben wird, dass wir um die historische Perspektive kämpfen müssen. Trotz der gegenteiligen Behauptung der Pop-Medientheorie sind apokalyptische Fantasien kaum etwas Neues, der technologische Fortschritt wurde immer von schrecklichen warnenden Geschichten begleitet und die Roboter sind immer schon gekommen, um unsere Jobs zu übernehmen. → 1 Von Shelleys *Frankenstein* bis zu Wells' *Invisible Man* hatten wir schon immer eine populäre Kritik an technologischen Fortschrittsvorstellungen, die vom Untergang begleitet waren – nur gab es zu dieser Zeit kein Twitter, das paranoiden Meinungstreibstoff ins Feuer warf. Diese technologiegetriebenen Apokalypsen bilden ein Extrem des populärkritischen Dialogs über Technologie, Jahrzehnte des „technologischen Fortschritts" haben eine Cottage Industry der technologischen Apokalypsen angeheizt.

Immer weniger bin ich daran interessiert, den technologischen Fortschritt im Hinblick auf die Technologie zu kritisieren. Technologie ist nicht neutral, sie ist durchdrungen von Politik. Hier wird gute Arbeit geleistet, aber die endlose Meinungsbildung darüber, wie diese oder jene Technologie uns so und so zum Scheitern bringen wird, bringt wenig Veränderung mit sich. Es ist ganz einfach, Retweets zu bekommen, indem man auf eine Technologie und/oder ihre Befürworter zeigt und sagt: „Das ist problematisch". Diese populäre kritische Praxis ist ein wichtiger Teil unserer kulturellen Dialoge, aber dabei verpassen wir den interessanteren Teil, über den wir nachdenken müssen – den Aspekt des Fortschritts.

Meine Arbeit als Forscher, Pädagoge, Künstler und Designer basiert allesamt auf der Idee des „kritischen Designs". Ich habe bei Tony Dunne und Fiona Raby am Royal College of Art in der Tradition des kritischen Designs studiert, die in Tony Dunnes Arbeit *Hertzian Tales* begründet ist. → **2** In dieser Form der Praxis nutzen wir Design, um Artefakte zu schaffen, die Objekte, Filme, Geschichten oder etwas anderes sein können, um ein „Publikum" in die kritische Debatte über die Zukunft einzubinden. Der Zweck des entworfenen Artefakts ist in diesem Fall nicht, ein Verbrauchsprodukt zu sein, sondern etwas, das eine Idee materialisiert. Diese Methode wird von Carl DiSalvo brillant beschrieben und analysiert als die Idee, dass man theoretisch diese Objekte so gestalten könnte, dass sich das Publikum zusammenfindet, das man dann über das Thema diskutieren sehen möchte, da „Öffentlichkeiten“ um bestimmte Objekte herum entstehen (wobei „Objekte“ auch eine Politik oder ein Event sein können). → 3

Abb. 4: Haushaltsroboterteile, Reparatur und Reinigung

Nehmen wir zum Beispiel die Arbeit von Strange Telemetry, meiner Firma, die spekulative und kritische Designmethoden einsetzt, um Forschung über „die Zukunft“ zu entwickeln. So haben wir zum Beispiel in unserem Projekt „Zukunft des Alterns“ Bilder von zukünftigen Arbeitsplätzen entwickelt, um Fokusgruppen in eine Debatte darüber einzubinden, welche Entscheidungen sie in Zukunft über ihre Finanzen, ihr Familien- und Berufsleben und ihre Ausbildung treffen könnten. Die Ergebnisse dieser Forschung werden dann in Berichten gebündelt, die zur Beratung politischer Entscheidungen dienen. Die Zukunftsbilder, die wir uns hier vorgestellt haben, sind keine Produkte oder Vorschläge, sie sind als kritische Artefakte konzipiert. Allerdings verkörpern sie – trotz unserer besten Bemühungen – unweigerlich eine Reihe von Werten, die sich in den Menschen widerspiegeln, die sie betrachten. Im Beispiel des obigen Bildes zeigen wir ein kleines unabhängiges Unternehmen, etwas, das von der westlichen Gesellschaft gerühmt wird – wir feiern Arbeit und Autonomie und Eigenverantwortung. Das Gespräch mit dem Publikum steuert unweigerlich darauf zu, wie diese Werte am besten erhalten werden können, wenn sich die Technologie verändert. Die Technologie steht im Mittelpunkt der Kritik, aber der „Fortschritt" ist jenseits der Debatte.

Die Möglichkeit eines anderen Fortschritts

Um ein populäreres und (vermutlich) weiter verbreitetes Beispiel zu nennen, kann man eine beliebige Plotlinie aus *Black Mirror* verwenden. So brillant sie auch oft sind, sie folgen unweigerlich den erzählerischen Absichten einer Fabel. Es gibt ein paar normale Menschen und Ereignisse, die schiefgehen, wenn eine Technologie missbraucht oder falsch eingesetzt wird. Wie Fabeln dienen sie als warnende Geschichten, die uns in einen gesellschaftlichen Konsens einbinden und eine Vorstellung davon festigen, wie Technologie eingesetzt und wie sie gesteuert werden sollte, und uns wieder einmal auf dem Weg zu einem unbestrittenen Fortschrittsbegriff absichern. Sie zeichnen ein verbotenes Bild einer besseren Zukunft im Schatten einer besorgniserregenden Zukunft, über die wir uns alle einig sind. Das technologische Phantom verändert sich und bringt neue Fragen mit sich, aber die „richtige" Gesellschaftsform setzt sich durch.

Diese Projekte werden zu warnenden Erzählungen, zu kritischen Interventionen auf dem Weg des technologischen Fortschritts, die eine Debatte über unsere Zukunft anregen sollen, um sie zu sichern und einen Konsens darüber zu entwickeln, wie sich diese Zukunft entwickeln könnte. In der Tradition des kritischen Designs und des „Design for Debate" wird oft nur sehr wenig darüber nachgedacht, wie sich die Debatte entwickeln oder sich selbst lösen sollte, außer dass wir uns alle einig sind, dass wir auf der Grundlage schwieriger Entscheidungen eine gemeinsame Vorstellung davon haben, was guter und angemessener Fortschritt ist.

Was diese Arbeit in den Schatten stellt und was weitere kritische Praktiken rund um die Technologie oft verschleiern, ist die Möglichkeit, einfach Alternativen vorzuschlagen – von anderen Fortschritten zu träumen. Nicht um davor zu warnen, dass wir vom europäischen sozialdemokratischen Weg des Fortschritts abkommen könnten, sondern um Wege vorzuschlagen, wie „wir" den Kurs ändern, etwas anderes aufbauen könnten. Kritische Praktiker haben eine Kultur und einen Diskurs zur Problematisierung von Technologie als Gegenmittel gegen den blind unkritischen Optimismus der Mainstream-Konsumententechnologie aufgebaut. Zunehmend finde ich beides zutiefst unbefriedigend – der blinde Optimismus der Mainstream-Technologie kann in seiner Unachtsamkeit widerwärtig sein, durchdrungen von Heuchelei und Gedankenlosigkeit, die zu weit fortgeschritten ist, um überhaupt darauf einzugehen, während die Problematisierung der Kritikalität nur noch befremdlich ist.

Betrachten wir die jüngsten Erfolge von Trump und Brexit, die beide von allen möglichen Denkern als wegweisende Ereignisse hochgehalten wurden, bei denen das vermeintliche Schiff des Fortschritts aus dem Ruder gelaufen ist – wo die Unvermeidlichkeit der sozialdemokratischen Werte des Fortschritts in Europa nach dem Kalten Krieg zum Stillstand kam. Könnten wir uns diese und Dutzende ähnlicher Ereignisse ansehen und darüber spekulieren, dass das endlose Kritisieren und Problematisieren die Menschen tatsächlich befremdet? Dass – in einer Welt des Klimazusammenbruchs, der Massenüberwachung, der psychischen Gesundheitskrisen, der Verunsicherung und der Angst – noch mehr Löcher bohren, noch mehr Komplexität schaffen und noch mehr Möglichkeiten aufzeigen, wie etwas schiefgehen könnte, nicht das ist, was die Welt will? Dass angesichts der Wahl zwischen einem linken Guardianista-Polemiker wie mir, der Ausflüchte macht um eine Erklärung mit

„Na ja … es ist problematisch und komplex und verstrickt und teilweise deine Schuld“ und einem scharfen Demagogen, der auf sie zeigt und schreit: „Es ist ihre Schuld, lass uns sie loswerden“ oder „Kauf/Mach diese eine Sache und alles wird besser sein“, es für die meisten Leute wirklich sehr wenig Wettbewerb gibt? Die meisten Menschen haben schon viele Dinge, um die sie sich Sorgen machen müssen. Ich finde kritische Debatten mit meinen Studenten interessant, in denen wir über den Wert der Gesichtserkennungstechnologie nachdenken, während sie mit unbezahlbaren Wohnungen, prekärer Arbeit, schlechter sozialer und psychischer Unterstützung und jahrzehntelanger lähmender Verschuldung konfrontiert sind.

Das 21. Jahrhundert ist das eitelste Jahrhundert

An dieser Stelle kommt die apokalyptische Fantasie ins Spiel; dass es vielleicht tröstlicher ist, sich vorzustellen, dass eine biblische Apokalypse uns wie die Löschung einer Zaubertafel alle wieder auf null bringt und von vorne beginnen lässt, anstatt die überwältigende Größe und Komplexität der monströsen Realität, in der wir uns befinden, in Angriff zu nehmen. Die „reality-based community“ der kritischen Klassen hat so gründlich analysiert und ausgepackt, dass sie vergessen hat, wie man eine gute Geschichte erzählt – Hollywood aber nicht. Und noch einmal, um die Perspektive zu bekräftigen, das gilt nicht nur heute. Das 21. Jahrhundert ist das eitelste Jahrhundert. Alles scheint jetzt unglaublich wichtig zu sein, aber wir hatten schon immer Komplexität und soziale Bedrohungen – aus zivilisatorischer Sicht befinden wir uns in einer Zeit bemerkenswerten Friedens und Wohlstands. Doch können wir mehr tun als Widerstand, Kritik und Problematisierung? Angesichts der Unzufriedenheit mit der marktorientierten Demagogie und der zögerlichen Kritik gibt es ein echtes Bedürfnis zu denken und zu bauen. Mit den Worten von Nick Srnicek und Alex Williams kann man „neue Welten nicht ins Dasein widerstehen“ (can’t resist new worlds into being). → 4

Das soll nicht heißen, dass wir Kritikalität ablehnen und blind optimistisch werden sollten. Das zu tun ist genauso schlimm wie die Tech-Evangelisten, die in 99 % der Fälle wirklich davon überzeugt sind, dass ihre haarsträubende Blockchain-Innovation die Welt verändern wird. Aber unsere Sorgen und Kritiken sollte eine Vorstellung davon begleiten, wie die Dinge besser sein könnten. Was wäre, wenn die Technologie nicht durch ausbeuterische Marktkräfte getrieben oder von den kritischen Klassen attackiert würde, sondern wenn wir sie zum Aufbau von Alternativen nutzen würden? Um wieder von neuen Welten zu träumen, was uns vielleicht im Apokalypse-Unterhaltungskomplex fehlt.

Die fragwürdige Reformation des Internets

Das Internet selbst durchläuft eine fragwürdige Reformation. In jüngster Zeit hat die Tech-Elite ihr *mea culpa* für das Versagen der Internet- und Tech-Kultur bekundet, die utopischen libertären Versprechen einzuhalten, die ihr zugrunde lagen – die frühen Träume von einem globalen Dorf, das auf den Prinzipien der Gleichheit und des Zugangs basiert. → 5 → 6 Analysten und Experten haben den Kadaver des Internets durchleuchtet, um herauszufinden, was schiefgelaufen ist und was mit dem globalen Dorf und der offenen Gesellschaft geschehen ist, die unmittelbar bevorstehen sollten. Diejenigen mit einem libertären Ansatz argumentieren, es sei durch zu viel Regulierung ins Stocken geraten, während diejenigen mit einer Weltanschauung der sozialen Gerechtigkeit behaupten, dass es nicht genug Regulierung und Aufsicht gegeben habe, um gegen Hasstiraden, Spam und Automatisierung vorzugehen, die schwer auf weiten Teilen der Cyberlandschaft lasten.

Die Filterblase, erstmals 2011 von Eli Pariser populär gemacht, → 7 stand im Mittelpunkt der Diskussion über die jüngsten politischen Veränderungen, darunter die Wahl des derzeitigen US-Präsidenten und den Brexit. Nach dieser Theorie bauen wir um uns herum Kokons von Informationen, die unsere Vorurteile bestätigen und unsere Weltanschauung untermauern. Die Idee einer Filterblase ist nicht neu oder in irgendeiner Weise exklusiv für die Cyberkultur; wir haben seit den frühesten Medientechnologien versucht, unsere Vorurteile zu bestätigen, aber sie steht in schockierendem Gegensatz zu dem erklärten Organisationsprinzip des freien Informationsflusses, den die Pioniere anstrebten.

Anstatt weiter über den Knochen des Internets nach irgendeinem Sinn oder Versprechen des Lebens zu suchen, sollten wir vielleicht auf das Versagen unserer eigenen Vorstellungskraft schauen. Der Krieg gegen die Imagination beginnt im Kalten Krieg mit dem konzertierten Versuch, eine dominante globale Hegemonie zu etablieren. Der kapitalistische Westen und der kommunistische Osten haben die Welt in einen Kulturkrieg verwickelt, um die mögliche imaginäre Zukunft zu limitieren. Der ultimative „Erfolg" des westlichen Kapitalismus führt zu Mark Fischers Vorstellung vom kapitalistischen Realismus, eine Idee, die in der berühmten Aussage von Margaret Thatcher, „es gibt keine Alternative", treffend formuliert wurde. Wir brauchen Alternativen und könnten sie in unseren Technologien finden.

Wo könnten wir Alternativen finden? Wo in der Verbindung von Technik und Fortschritt gibt es eine Chance, vom harten Realismus abzuweichen und sich etwas Neues vorzustellen?

Das tiefe Anderssein der Computation bietet radikale Möglichkeiten, über den liberal-demokratischen Begriff des Fortschritts hinauszugehen – neue Wege des Seins in der Welt zu entwickeln, die uns radikale Chancen für Optimismus und Hoffnung geben. Zeitgenössische Computation unterscheidet sich so drastisch von den anderen Informationsstrukturen, an die wir schon so lange gewöhnt sind, dass das Verständnis ihres wirklichen Potenzials als logisches System befreiend sein könnte. Die haarsträubenden Blockchain-Enthusiasten sind Teil davon, sie verstehen die Implikationen einer neuen Art der Informationsverarbeitung, auch wenn die meisten dieser Bemühungen immer noch von den gleichen Profitmotiven getrieben werden, die im sozialen Wandel wurzeln.

Unsere neue Beziehung zur Computation ist abhängig von der Entkopplung der werkzeugbasierten Metaphern, die wir für die Technologie verwenden, und das ist auf einer gewissen Ebene ein Designproblem. Dies ist wichtig, weil die in technologische Geräte eingebauten Mittel ihre Funktionen und Möglichkeiten zementieren, und wenn wir das Potenzial von Computern aktivieren wollen, müssen wir aufhören, über Technologien zu reden und sie zu entwickeln, die Erweiterungen dessen sind, was wir bereits tun (mehr, besser, schneller – der Effizienzantrieb), oder einfache frivole Spielereien.

Stellen Sie sich zum Beispiel eine westliche Küche aus der Mitte des 20. Jahrhunderts vor. Die Küche dieser Zeit ist voll von technologischen Einzweckgeräten – Toaster, die toasten, Kühlschränke, die kühlen, Herde, die kochen, Waschmaschinen, die waschen. Dann kommt das Internet, das den Quasimodo-Charakter des Internets der Dinge mit sich zieht, und riesige Mengen von unglaublich klugen Leuten beginnen zu glauben, dass alles besser sein könnte, wenn wir all diese Geräte nehmen und ihnen das Internet beifügen. So haben wir jetzt intelligente Toaster, intelligente Kühlschränke, intelligente Kocher, die Probleme lösen, die wir nie hatten. Das nennt man „Innovation".

Keine Angst vor Politik

Es gibt mehrere Dinge, die geschehen müssen. Zuerst müssen wir aufhören, Angst vor dem Wort „politisch" zu haben. Wie Eleanor Saitta wiederholt und mit großer Wirkung gesagt hat, sind alle technischen

Probleme von ausreichender Tragweite oder Wirkung in Wirklichkeit zuerst politische Probleme. → 8 Ich habe zu viele Gespräche geführt, in denen ich die politische Dimension einer Technologie oder einer Politik angesprochen habe, nur um mit der Behauptung konfrontiert zu werden, dass entweder „Politik nichts damit zu tun hat“ oder „wir keine Aktivisten sind“. Politische Bildung mit Aktivismus zu verwechseln ist launisch und kindisch, und zu behaupten, dass das, was man tut, nichts mit Politik zu tun hat, ist ebenso wenig sachkundig. Es gibt nichts im Bereich des menschlichen Sensoriums, was nicht politisch ist. Auch wenn Sie eine Person sind, die Essgabeln entwirft, beziehen Sie sich auf die Arbeitsbedingungen des Stahlwerks und die sozial verflochtene Vermarktung der Gabel sowie die lange Geschichte der Gabel als Symbol des Wohlstands der Oberschicht. (Hier bin ich, heuchlerisch, „es ist komplex, es ist verstrickt, es ist deine Schuld“.)

Wenn nun alles politisch ist, ist das Zweite, was wir tun müssen, zu erkennen, dass wir alles technologisieren. Von der Klassifizierung der natürlichen Welt bis hin zu unserer Besessenheit mit dem Sammeln von Daten befinden wir uns inmitten des zivilisatorischen Projekts, die Welt zu technologisieren – sie für den Menschen lesbar und anschlussfähig zu machen. Wie Stephen Connor brillant sagt: → 9

“There is no way of framing ethical, political and philosophical questions that would not also have to be a matter of techne, technique or technesis, and so would not have to be imagined mechanically.”

Die einfache Benennung und Klassifizierung der Natur ist eines der größten technologischen Projekte, bei dem wir versuchen, die Erde in einer Datenbank zu erfassen, um sie besser verarbeiten zu können. Wenn wir beginnen, die Welt zu klassifizieren, begrenzen wir ihr Potenzial für unsere Imagination und Erfahrung, wir sperren das Zufällige und das Unbekannte aus. Dies zeigt sich in allen Bereichen, vom disziplinarischen Silo bis zum Endbenutzer-Lizenzvertrag. Wir müssen die Dinge beschreiben, benennen und ihnen eine Rolle geben, die ihr Potenzial begrenzt. Wenn Sie ein Gadget oder einen Dienst gestalten und vermarkten, der etwas mit Menschen oder Daten zu tun hat, sind Sie ein Datenbankbetreiber, und das ist die primäre Daseinsberechtigung dieses ganzen zivilisatorischen Projekts.

Der dritte Teil ist der schwerste. Teil drei verlangt, dass wir ernsthaft träumen. Nicht nur tagträumen, nicht nur zynisches Moon-Shooting für den Profit. Man muss von Dingen träumen, die unangenehm, ungenießbar, schwierig und sicherlich unrentabel sind.

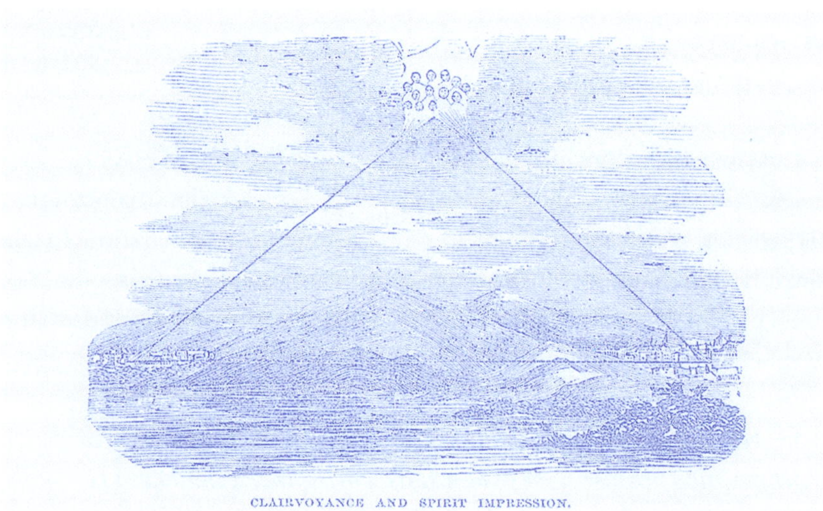

Abb. 5: Spirituelle Telegrafie

In der Mitte des 19. Jahrhunderts wurde das Wachstum des Telegrafennetzes in den USA von der kurzzeitigen Popularität des amerikanischen Spiritualismus begleitet, bei dem Medien, Séancen und Erscheinungen in der Mittel- und Oberschicht verbreitet waren. Im Jahre 1854 bat eine Gruppe von Spiritualisten den Kongress, in die Finanzierungsvorlage für die Erweiterung des Telegrafen Gelder aufzunehmen, die zur Erforschung des Telegrafen als Ort von „mesmerischen Experimenten“ verwendet werden sollten. → 10 Zu dieser Zeit zogen viele eine spirituelle Verbindung zwischen Elektrizität und Übernatürlichem, und einige dachten, dass der Telegraf – so gut in der Kommunikation über weite Entfernungen im Natürlichen – zwischen der Geisterwelt und unserer eigenen kommunizieren könnte. Der US-Kongress erwog wirklich, das übernatürliche Potenzial der Telegrafie freizusetzen. Diese Experimente waren natürlich unmöglich, aber sie deuten auf ein imaginatives Potenzial der Technologie hin, das wir verloren haben. Der Telegraf wäre (soweit die moderne Wissenschaft weiß) nie in der Lage gewesen, mit der Geisterwelt zu kommunizieren, aber das imaginative Potenzial des Telegrafen, Amerikas eigene Vorstellung von Fortschritt zu formen, ist verblüffend.

Im Laufe der Zeit hat sich das Medium des Sinns – die Kerneinheit, die als die zugrunde liegende Kraft von Technologie und Gesellschaft gesehen wird, das, was als Baustein der Realität wahrgenommen wird – von der Elektrizität zum Atom, zur DNA und jetzt zu Daten gewandelt. In fünfzig Jahren werden die Menschen auf unsere merkwürdige Besessenheit von diesem nebulösen Material zurückblicken, das als Daten bekannt ist, so wie wir uns über die Vorstellungen von tierischem Magnetismus oder Äther als bindende universelle Kräfte lustig machen. Doch wo ist unsere spirituelle Telegrafie? Wo sind die konzertierten Versuche, über die Grenzen unserer gegenwärtigen Ontologie hinauszugehen und mehr zu werden, als wir sind? Wir sammeln immer mehr Daten in der Hoffnung, einen Sinn zu finden, aber keine Organisation, Firma, Institution oder Einzelperson hat jemals gesagt: „Oh, ich habe die richtige Menge an Daten, jetzt kann ich die Entscheidungen treffen, die ich brauche, danke“. Vielleicht liegt die Obsession mit der Datensammlung auf der Suche nach Sinn darin, dass wir nach der falschen Art von Sinn suchen? Anstatt nach Wegen zu suchen, um die Produktion und den Konsum zu beschleunigen und die Werbung auf Mikroziele auszurichten, könnten wir nach Wegen suchen, wie wir

Daten und zeitgemäße Computation nutzen könnten, um die Grenzen der menschlichen Erfahrung zu erweitern.

Den imaginativen Raum öffnen

Um Bruce Sterling zu paraphrasieren, der Jaron Lanier paraphrasiert: „Was mit ~~Musikern~~ Künstlern passiert, passiert mit jedem." → 11 Es lohnt sich immer, ein Auge auf das zu werfen, was die interessanten Künstler tun, denn sie führen unweigerlich die wirklich interessante Arbeit an.

Der Künstler und Autor James Bridle hat fleißig an einem autonomen Auto in Athen gearbeitet. Aber anstatt auf den Prinzipien der Effizienz und Schnelligkeit ist es auf dem Konzept der Drift aufgebaut – um ein zufälliger psychogeografischer Staunender zu sein, der Orte besucht, von denen man nie wusste, dass man sie sehen wollte. Anstatt Uber und den Rest für ihren gedankenlosen, profitorientierten Drang zu autonomen Fahrzeugen zu verprügeln, hat er beschlossen, uns einen anderen Weg zu zeigen. Das Projekt öffnet den imaginativen Raum für das, was eine Technologie sein und tun könnte – mehr als ein Werkzeug kapitalistischer Effizienz und weniger als eine stechende Kritik an Unternehmensinnovationen.

Dann gibt es diejenigen, die maschinelle Intelligenzen als Wege betrachten, wie wir uns selbst und die Welt besser verstehen können, anstatt nur aktuelle Trends und Werte zu vertiefen und zu verbessern. Betti Marenko und Phil Van Allen haben an „animistischem Design" gearbeitet – einer Methode, mit der Maschinen kokreative Partner sein können, indem sie die Art und Weise nutzen, wie eine Maschine berechnet und erkennt, um neue Einblicke in den Designprozess zu geben – „... indem sie die lineare Vorhersehbarkeit stören, kann Unsicherheit das kognitive Spektrum der (menschlichen und nichtmenschlichen) Akteure, die an der Interaktion beteiligt sind, erweitern". → 12

Diese unscheinbare Lesart des imaginativen Potenzials von Maschinen könnte bemerkenswerte Konsequenzen für die kreative Praxis haben und zu einer Methode der Erweiterung der Designpraxis werden, die derzeit durch die Anforderungen des Marktes oder der Galerien begrenzt ist.

Dann können wir uns dem dringendsten und wichtigsten Problem zuwenden – dem Klimakollaps. Timothy Morton spekuliert, dass unsere Unfähigkeit, mit dem Klimawandel umzugehen, von unserer Unfähigkeit abhängt, ihn zu verstehen. Die Komplexität und der Umfang der Ökologie der Erde übersteigt das menschliche Verständnis – sie ist ein „Hyperobjekt". → 13 FOAMs Projekt Random Forest stützt sich auf die lange Geschichte der Ökologie und der Computation, um Wege aufzuzeigen, wie wir eine bessere Beziehung zur Natur herstellen können, wenn wir ihr erlauben, Maschinen als Stimme zu benutzen, um mit uns zu sprechen, als mit unserer Industriegeschichte, die uns in die Natur einprägt. Nach dem Vorschlag von FOAM können wir vielleicht Maschinen benutzen, um von der und für die Ökologie zu sprechen, anstatt zu versuchen, die mikroskopischen Phänomene zu kategorisieren und zu übersetzen, die wir mit unseren eigenen Begriffen wahrnehmen können.

Außerhalb der Kunst können wir auf andere kulturelle Tendenzen schauen, um Einblicke zu erhalten, wie wir der Imaginationsfalle entkommen können. Speedrunning ist eine neue Obsession von mir. Speedrunner sind Videospieler, die die Architektur und den Aufbau von Videospielen nutzen, um das Spiel so schnell wie möglich zu beenden. Um es klar zu sagen, Speedrunner absolvieren das Spiel nicht nach dem von den Entwicklern vorgegebenen Pfad, sondern nutzen die Konstruktion des Spiels selbst; sie durchschneiden die Landschaft, nutzen Störungen und Bugs aus, deren Erlernen Tausende von Stunden dauert. Ich finde Speedrunning faszinierend, weil es auf eine Praxis hinweist, die insofern kritisch ist, als sie eine komplexe Konstruktion entwirrt, doch zugleich imaginativ ist, als sie dieses Wissen für neue Zwecke nutzt, ähnlich wie die zuvor diskutierten Künstler.

Diese Projekte und Dutzende andere, auch wenn sie noch so klein sind, geben uns einen Einblick in eine Welt voller Möglichkeiten für neue Wege des Seins. Wo der Begriff des Fortschritts, wie er für den Großteil der westlichen Geschichte unangefochten dargestellt wird, neu gedacht wird. Wo Fortschritt eher eine Zufallsbeziehung zur Technologie ist als eine von Effizienz getriebene, oder wo das bisher Unmögliche erforscht und realisiert werden kann.

Es ist eine hehre Forderung, von der Technologiewelt zu verlangen, in einer Weise zu denken und zu schaffen, die weder düster und besorgt noch blind optimistisch ist – ohne die Unterstützung der akademischen Twitterati oder des Start-up-Kapitalismus. Aber angesichts von zwei gleichermaßen unzureichenden Optionen bleibt nichts anderes übrig, als eine dritte zu erfinden. Zerlegen wir das Schiff des Fortschritts in seine hölzernen Einzelteile und bauen wir stattdessen etwas anderes. Oder bringen wir es einfach in den Wald zurück.

Tobias Revell ist Künstler und Designer. Er ist Mitbegründer der Forschungsberatung Strange Telemetry und des Forschungs- und Kunstprojekts Haunted Machines.

Quellen

1 **Anslow, Louis** (2016). Robots have been about to take all the jobs for more than 200 years. Timeline.com.

2 **Dunne, Anthony** (2006). Hertzian Tales: Electronic Products, Aesthetic Experience, and Critical Design. MIT Press.

3 **DiSalvo, Carl** (2009). Design and the Construction of Publics. Design Issues, vol. 25, no. 1, 48–63.

4 **Srnicek, Nick et al.** (2015). Inventing the Future: Postcapitalism and a World Without Work. Verso.

5 **Kulwin, Noah** (2018). The Internet Apologizes... NYmag.com.

6 **Webb, Rick** (2017). My Internet Mea Culpa. Shift.newco.co.

7 **Pariser, Eli** (2011). The Filter Bubble: What The Internet Is Hiding From You. Penguin Books.

8 **Saitta, Eleanor** (2014). Repeat after me: all technical problems of sufficient scope or impact are actually political problems first. Twitter.com/Dymaxion.

9 **Connor, Steven** (2017). Dream Machines. Open Humanities Press.

10 **Hardinge, Emma** (2018). Modern American Spiritualism: A Twenty Years' Record of the Communion Between Earth and the World of Spirits (Classic Reprint). Forgotten Books.

11 **Truijen, Katía** (2014). Whatever Happens to Musicians Happens to Everybody by Bruce Sterling. NetworkCultures.org

12 **Marenko, Betti et al.** (2016). Animistic design: how to reimagine digital interaction between the human and the nonhuman. Digital Creativity.

13 **Morton, Timothy** (2013). Hyperobjects: Philosophy and Ecology after the End of the World. University of Minnesota Press.

Über die NEXT Conference

Die NEXT Conference ist das internationale Digitalfestival auf der Reeperbahn und verwandelt Hamburg für zwei Tage in den Hotspot der europäischen Digitalszene. Im Mittelpunkt steht dabei die Frage, was Konsumenten in naher Zukunft bewegen wird. Dazu bietet die NEXT Inspiration, Vernetzung und businessrelevantes Wissen zu Trends und Zukunftstechnologien, um Unternehmen auf die Herausforderungen und Chancen der digitalen Transformation vorzubereiten. Die Audience wird ebenso sorgfältig kuratiert wie das Programm der NEXT. Das macht die Konferenz zu einem in Europa einzigartigen Event für rund 1.500 Entscheider mit digitaler Agenda – Marketing- und Product-Leader, Führungskräfte aus der Digitalwirtschaft, Kreative, Entwickler und innovative Gründer.

Mit ihrem jährlich wechselnden Motto provoziert die NEXT neues Denken (und Handeln). 2018 schließt das Motto **DIGITAL FIX – FIX DIGITAL** nach **DIGITAL EGO** (2016) und **DIGITAL SUCKS** (2017) die

Trilogie ab. Mit dem Motto **DIGITAL EGO** hat die NEXT16 uns Nutzern den Spiegel vorgehalten, **DIGITAL SUCKS** hat im vergangenen Jahr offen die Probleme in der Nutzererfahrung angesprochen, und 2018 diskutierte die NEXT, wie die Menschen wieder in den Mittelpunkt gerückt werden können. Wie lösen wir digitale Probleme und Probleme digital? In diesem Buch gibt es darauf ein paar spannende Antworten von klugen internationalen Köpfen, die teilweise auch live auf der NEXT zu erleben waren.

Die NEXT ist eingebettet in das Hamburger Reeperbahn Festival mit mehr als 40.000 Teilnehmern. Delegierte der NEXT erhalten dort privilegierten Zugang zu über 700 Konzerten, Fach- und Kulturveranstaltungen. Die NEXT Conference 2019 findet am 19. und 20. September in Hamburg statt.

nextconf.eu

1. Auflage 2018

Verlag
Next Factory Ottensen
SinnerSchrader Aktiengesellschaft
Völckersstr. 38
22765 Hamburg
Germany
+49 40 398855-0
nextfactory@sinnerschrader.com

Redaktion
Martin Recke

Buchkonzept/Gestaltung
Stellavie – Heidemann und Klein GbR

Druck/Produktion
Kösel GmbH & Co. KG, Altusried

Material/Papier
Winter+Company Skivertex Matara
Salzer Design, 1,5-fach, 100 g/m²

Schriften
Noe Text, Maison Neue, Maison Neue Mono

ISBN
978-3-9818711-3-5
978-3-9818711-6-6 (E-Book)

fix digital